당신의 성격,
5분이면
알 수 있다

본 책에 대해 궁금한 점이 있거나 사군자 기질검사에 대해 궁금한 점은 아래 전화번호로
연락주시면 자세하게 안내해드리겠습니다. 한국성격검사연구소 02)334-4443

진정한 '나'를 찾는 8가지 방법
당신의 성격, 5분이면 알 수 있다

지은이 | 김종구
발행처 | 도서출판 평단
발행인 | 최석두

신고번호 | 제2015-00132호
신고연월일 | 1988년 07월 06일

초판 1쇄 발행 | 2017년 11월 05일
초판 2쇄 발행 | 2017년 11월 13일

우편번호 | 10594
주소 | 경기도 고양시 덕양구 통일로 140(동산동 376)
　　　　삼송테크노밸리 A동 351호
전화번호 | (02) 325-8144(代)
팩스번호 | (02) 325-8143
이메일 | pyongdan@daum.net

값·15,000원

ISBN | 978-89-7343-499-2 13190

'나'를 찾는 8가지 방법

당신의 성격, 5분이면 알수 있다

김종구 지음

평단

'나'와 다른 기질을 가진 사람을 쉽게 이해하는 한국형 기질검사

우리는 살면서 성격 차이로 인한 다양한 갈등을 경험한다. 또, 우리는 사랑해서 결혼을 하지만, 현실은 전쟁이다. 직장인들은 상사, 동료, 고객과의 갈등에서 힘들어한다. 일이 힘들어 회사를 그만두는 것이 아니라 사람이 힘들어 그만둔다. 자녀와의 갈등은 사춘기가 되는 시기에 극에 달한다. 부모의 목소리는 점점 높아지고 자녀는 반항한다. 누구나 아름다운 관계를 바라고 평화를 원하지만, 현실에서는 많은 시행착오를 거치며 혹독한 대가를 치른다.

많은 사람이 자신과 성격이 다른 사람을 어떻게 대해야 하는지 몰라 어려워한다. 그러나 기질을 알면 그 해답이 보인다. 식물을 잘 키우는 사람은 모든 식물을 같은 방식으로 대하지 않는다. 어떤 식물은 물을 좋아하고, 어떤 식물은 물을 좋아하지 않는다는 것을 구분하고, 어떤 식물은 햇볕을 좋아하고 어떤 식물은 햇볕을 좋아하지 않는다는 것을 알고 다르게 대한다. 식물도 기질에 따라 차이가 있고 그 특성에 맞게 키워야 건강한 식물이 된다는 것을 알고 있기 때문이다. 사람의 기질도 마찬가지다. 기질을 모르면 갈등의 씨앗이 되지만, 이해하면 축복의 통로가 된다.

기질은 태어나면서부터 타고나는 것으로 인간의 욕구를 반영한다. 상대방의 기질을 알면 상대방이 원하는 것이 무엇인지, 어떻게 해야 만족을 줄 수 있는지에 대한 중요한 단서를 얻을 수 있다. 기질을 알고 그 사람에게 맞는 방식으로 대한다면 관계는 한결 좋아진다.

사람의 기질에 대한 연구는 서양에서 먼저 진행되었다. 그래서 현존하는 기질검사 도구들은 대부분 서양에서 들어온 것이다. 그러나 서양에서 만든 검사 도구들은 그들의 문화와 역사적 배경을 가지고 있어 우리가 쓰기에는 2% 부족한 부분이 있다. 마치 한자나 영어가 한글을 배우는 것보다 어려운 것과 같다.

본 책에서 소개하는 사군자 기질검사는 한국적 문화를 바탕으로 만들어진 한국형 검사이다. 그래서 한국 사람들이 익히 알고 있는 사군자를 이용해 기질을 쉽게 이해할 수 있도록 만들었다. 사군자의 시각적 이미지와 특성이 기질과 바로 접목되기에 기억하기도 쉽다.

사군자는 매화, 난초, 국화, 대나무로 분류하는데 이렇게 네 가지로 분류하는 방식은 인류가 오래전부터 사용해 온 것이다. 봄·여름·가을·겨울의 사계절, 동서남북의 방향, A·B·AB·O의 혈액형 등에서 그 예를 찾아볼 수 있다.

이 책은 인간관계에서 갈등으로 어려움을 겪고 있는 사람들을 위한 것이다. 심각한 갈등 상황에서 어려운 이론을 붙들고 있을 수 없다. 그래서 실전에 바로 적용할 수 있으며, 쉽고 간편한 실용성 있는 도구가 필요하다. 이 사군자 기질검사는 한국 사람에게 최적화된 인간 이해의 도구이다.

사군자 기질검사는 표준화 검사로, 경험자료 수집 및 예비문항 선정, 1차·2차 예비검사, 본 검사 및 공인타당도 검증 단계를 거쳐 개발되었다. 예비문항 개발을 위해 2008년부터 약 4년간 기질검사, MBTI 프로그램 진행을 통해 17,914명에게서 수집한 자료를 활용했다. 이후 1차 예비검사 227명, 2차 예비검사 1,066명, 본 검사 575명, MBTI와의 공인타당도 300명, TCI와의 공인타당도 275명 등 총 2,443명 대상으로 타당도 검증을 했다.

사군자 기질검사는 5분이면 할 수 있는 간단한 검사이지만, 기질에 대해 강력한 정보를 제공해 준다. 그러므로 여러분이 자신과 다른 사람의 기질을 이해하고 갈등을 해결하는 데 유용하게 사용할 수 있는 도구가 될 것이다.

이 책에 소개된 각 기질에 대한 해석은 기업체, 공공기관, 대학에서 실시한 사군자 기질검사 프로그램에 참여한 9,792명의 인생 이야기에서 나온 내용을 포함하고 있다. 이 책에서 제공하는 다양한 정보들이 성격 차이 때문에 갈등하고 있는 사람들에게 시원한 해결책이 되길 기대한다.

2017년 11월

김종구

1장

내 인생을 바꾸는
5분 검사

세상에는 다양한 성격검사가 있다. 어떤 검사는 내면의 심리적 특성을 측정하고, 어떤 검사는 행동특성을 측정하며, 또 어떤 검사는 정신 병리를 측정한다. 좋은 검사 도구가 되기 위해서는 타당도와 신뢰도를 갖추어야 한다. 그리고 사용자는 쉽게 활용할 수 있어야 하고, 피검자는 결과 해석을 쉽게 이해할 수 있어야 한다. 이것과 더불어 검사 시간과 지불하는 비용에 비해 제공되는 정보가 유용해야 한다. 성격검사를 30분 또는 60분 동안 검사했는데, 해석이 미미하다면 좋은 검사라고 할 수 없다. 그러나 사군자 기질검사는 5분이라는 짧은 시간에 할 수 있지만, 풍부한 정보를 제공한다. 그리고 해석자는 다른 어느 검사보다 빠른 시간에 개념을 습득할 수 있고 피검자는 이해하기 쉬운 해석을 제공받을 수 있다.

1

간단하지만, 강력하다

　우리 주위에는 성격 차이로 인한 갈등을 경험한 사람이 많이 있을 것이다. 사람 중에는 나와 똑같은 사람이 없기 때문에 어떤 사람은 너무 소심하고, 어떤 사람은 너무 잔소리가 많거나 나대며 또 어떤 사람은 이것저것 너무 따지고, 어떤 사람은 너무 자유분방하다. 그런데 사람의 성격이 어떻게 구분이 되는지 속 시원하게 알고 싶어도 알려 주는 사람이 없다. 성격 관련 책을 읽어봐도 너무 어렵다. 그래서 필자는 2,500회의 성격 분석 강의를 하는 동안 어떻게 하면 우리나라 사람들이 자기 성격을 쉽게 알 수 있도록 도와줄 수 있을까를 고민했다. 그 결과, 찾은 해답이 사군자 기질검사이다.

　머리말에서 소개한 것과 같이 2008년부터 2012년 사이에 실시한 외향-내향 관련 350회, 기질 관련 230회 강의에 참여한 총 17,914명에게서 나온 데이터를 가지고 검사 문항을 만들었다. 그리고 2,428명을 대상으로 한 4차에 걸친 타당도 검증을 거쳐 5분이면 할 수 있는 문항을 만들었다.

사군자 기질검사는 심리검사 제작 원리를 따라 개발된 것으로 간단하지만 강력한 검사이다. 검사 개발에 대한 자세한 내용은 6장에서 다룬다.

2

검사 방법

기질은 선천적으로 타고나는 것으로, 어떤 행동의 일관성을 가지게 하는 인간의 본성이다.

기질은 옳고 그른 것이 없다. 어떤 기질이 다른 기질보다 더 좋거나 나쁜 것이 아니다. '사군자 기질검사'라는 이름에서 알 수 있듯이 매화도 군자이고, 난초도 군자이고, 국화도 군자이고, 대나무도 군자이다. 모두가 군자이지만, 기질은 다르다. 자신이 어떤 성격의 사람인지 알고 싶다면 자신을 가장 잘 표현하고 자신에게 가장 가깝다고 생각되는 것을 선택해야 한다. 자신이 되고 싶거나 바라는 것을 선택하면 진짜 자기 기질을 알 수 없게 된다.

1부 검사와 2부 검사의 방법이 다르다. 그러므로 안내 사항을 잘

읽고 검사하기 바란다.

이때, 너무 오래 생각하지 말고 자신에게 조금 더 가까운 것을 선택하면 된다.

자기 모습이 아닌, 되고 싶은 것을 선택하지 않도록 주의하기 바란다.

채점 안내는 1부와 2부 검사를 모두 끝낸 다음에 보도록 한다.

(※ 본 책에 나오는 사군자 기질검사는 저작권법에 의하여 보호를 받는 저작물이므로 무단전재와 무단복제를 금지한다.)

3

검사하기

1부 검사 : 나를 잘 표현하고, 나와 가까운 곳에 ○표 하세요.

1번	빨리 어울리는	천천히 어울리는	9번	쉽게 알려지는	천천히 알려지는
2번	생기 있는	차분한	10번	참여하는	반추하는
3번	말로 표현하는	말이 적은	11번	활동적인	신중한
4번	다가가는	기다리는	12번	사교적인	개인적인
5번	함께하는	혼자 집중하는	13번	재빠른	진중한
6번	외출하는	휴식하는	14번	생동감 있는	안정감 있는
7번	크게 웃는	미소 짓는	15번	다양한 관심	집중하는
8번	활발한	조용한	16번	모험적인	조심성 있는
			합계	외향 점수: 점	내향 점수: 점

2부 검사 : 나를 가장 잘 표현하고 나에게 가장 가까운 곳에 ○, 두 번째로 가까운 곳에 △로 표시하세요.

17번	논리적인	성실한	여유로운	배려하는
18번	전문적인	순서를 따르는	그때그때	마음을 읽는
19번	개혁적인	질서를 지키는	유연한	칭찬하는
20번	전략적인	모범적인	편의적인	가엾게 여기는
21번	위로하는	통찰하는	준비하는	간편한
22번	지지해 주는	토론하는	자세가 바른	재미있는
23번	자비로운	예측하는	마무리하는	걱정이 적은
24번	격려하는	합리적인	부지런한	단순한
25번	임기응변적인	감성적인	비평적인	꼼꼼한
26번	농담을 잘하는	낭만적인	논쟁적인	권위를 존중하는
27번	태평스러운	온화한	비유적인	근면한
28번	느긋한	사려 깊은	기획하는	규범적인
29번	세밀한	개방적인	온정적인	분석적인
30번	단정한	편리한	친밀한	독창적인
31번	한결같은	쉽게 생각하는	관계를 중시하는	자신감 있는
32번	확실한	충동적인 →	양보하는	지적인
합계	매화 점수: 점	난초 점수: 점	국화 점수: 점	대나무 점수: 점

1부 채점 : 노란색 바탕의 왼쪽 줄에서 선택한 것은 합산하여 외향 점수에 기록하고, 오른쪽 줄에서 선택한 것은 합산하여 내향 점수에 기록한다.

2부 채점 : ○는 2점, △는 1점, 제일 위의 칸부터 2점, 1점을 색깔별로 모두 합산하여 아래의 같은 색 점수란에 기록한다.

　□ 분홍색은 모두 합산하여 매화 점수에 기록하고
　　초록색은 모두 합산하여 난초 점수에 기록,
　　노란색은 모두 합산하여 국화 점수에 기록,
　　흰색은 모두 합산하여 대나무 점수에 기록한다.

1부에서 높은 점수로 나온 것과 2부에서 가장 높은 점수가 나온 것을 합한 것이 자기 기질이다.

예를 들면, 1부에서 외향 점수가 높고, 2부에서 난초 점수가 제일 높으면 외향과 난초를 합한 외향난초가 자기 기질이 된다.

외향 점수 14 점	내향 점수 2 점	매화 점수 5 점	난초 점수 28 점	국화 점수 9 점	대나무 점수 5 점
		내향매화	내향난초	내향국화	내향대나무
		외향매화 →	외향난초	외향국화	외향대나무

이름, 대표기질, 각각의 점수를 옮겨 적고 그래프를 그린다.

자, 이제 2장에서 자기 대표기질을 찾아 읽어보라.

2장

점을 보는 것보다
훨씬 놀라운
당신에 대한 이야기

필자는 지금까지 개인 또는 단체를 대상으로 1만여 명의 사람들에게 사군자 기질 검사를 실시하고 해석을 해주었다. 검사와 채점이 완료되면 먼저 자신의 기질을 읽어 보게 하는데, 기질검사 결과를 보는 사람마다 점을 보는 것보다 이 기질검사 결과가 훨씬 정확하다고 신기해한다. 사실 점을 보는 것에 비교하는 것은 적절치 않지만, 자신을 잘 설명해 준다는 의미로 하는 말이다. 사군자 기질검사는 충분한 데이터를 수집해 과학적 통계 기법을 활용해 표준화하였고, 많은 사람을 대상으로 한 구체적인 사례들로 해석을 만들었다. 그래서 '5분'이라는 짧은 시간에 할 수 있는 간단한 검사이지만, 그 결과는 풍부한 해석을 제공한다.

1

매화를 닮은 사람

'매화 기질'은 매화와 유사한 특성이 있다. 매화의 특성은 6-2 장에서 자세히 설명하겠다.

매화 기질은 외향매화 기질과 내향매화 기질로 구분된다. 외향매화 기질은 책임감을 외부 활동에 주도적으로 사용하는 반면, 내향매화 기질은 책임감을 자기 내면의 삶에 적용한다. 외향매화 기질이 나온 사람은 외향매화 기질 해석을 읽어보고, 내향매화 기질이 나온 사람은 내향매화 기질 해석을 읽어보기 바란다. 난초 기질이 나온 사람은 2-2장, 국화 기질이 나온 사람은 2-3장, 대나무 기질이 나온 사람은 2-4장을 읽으면 된다.

외향매화 기질
➡ 관리하는, 책임지는, 추진하는, 운영하는, 지도하는

외향매화 기질의 특성

- 솔선수범하여 사람들에게 본을 보인다.
- 집단 구성원에게 자신과 동일한 책임감을 가지도록 요구한다.
- 외부적인 환경과 사람들에게 관심이 많다.
- 헌신적으로 조직의 성과를 위해 외부환경을 감독하기 좋아한다.
- 시간에 민감하며 계획했던 시간 안에 완수되길 원한다.
- 느린 사람의 일 처리 방식을 못마땅하게 여긴다.
- 일을 계획해서 추진하고 마무리하는데 능력을 발휘한다.
- 일을 주도하거나 이끌어 가는 것을 좋아한다.
- 효율적인 목표 달성을 위해 다이어리를 잘 활용한다.
- 마감 시간 안에 끝내기 위해 적극적으로 환경을 조성한다.
- 추상적인 개념이나 이론보다는 실용적인 결과물에 관심이 많다.
- 현실에 도움이 되는 것과 어떻게 활용할 것인가에 초점을 둔다.
- 구체적인 결과물이 무엇인지에 대해 정확한 정보를 얻기 원한다.
- 사람들에게 질서를 지키라고 강요하는 경향이 있다.
- 주위에서 일어나는 일들을 잘 인식하며, 그 일에 적극적으로 관여하여 해결하고자 한다.
- 일반적으로 주장이 강하고 결단력이 있으며, 한번 결정한 것은 빨리 추진한다.

- 자신이 속한 사업체나 모임 등에서 주도적인 역할을 한다.
- 어디를 가든지 다른 사람들을 도와주기 위해 시간과 에너지를 기꺼이 투자한다.
- 빨리 성과를 볼 수 있는 일에 집중한다.
- 현실적이며 성과 지향적이다.
- 개인보다 조직과 단체를 우선시한다.
- 강하고 부유해야 개인의 삶이 보장된다는 것을 철저하게 믿는다.
- 강한 조직을 위해 개인의 희생을 요구할 때도 있다.
- 강하고 좋은 열매를 얻기 위해 가지치기가 필요하다는 것을 당연하게 받아들인다.

외향매화 기질이 선호하는 일의 특성

- 객관적이고 공정한 의사결정이 필요한 일
- 관념적이고 이론적인 영역보다 다른 사람들에게 실질적으로 이득을 줄 수 있는 일
- 눈으로 결과물을 확인할 수 있는 일
- 독창성을 발휘하기보다는 경험 중심으로 할 수 있는 일
- 분명한 절차와 단계가 있는 일
- 빠른 판단력과 성과를 창출해야 하는 일
- 사람들을 적재적소에 배치하고 생산적인 활동을 하도록 관리하는 일
- 시한(時限)이 명확하게 정해져 있는 일
- 자신에게 책임이 위임된 일
- 주도적으로 권한을 행사할 수 있는 일
- 체계적으로 사람들을 관리하는 일
- 혼자 일하기보다 많은 사람과 함께 할 수 있는 일

외향매화 기질에 적합한 직업

건축시공기술자	검사	경리사무원	경영 컨설턴트	경제학연구원
경호원	교도관	금융관리자	기계공학기술자	기록물관리사
기업고위임원 (CEO)	법학연구원	보험관리자	부동산 컨설턴트	선장 및 항해사
스포츠강사	신용분석가	실업 교사	약사	여행사무원

영양사	영업 및 판매관리자	위생사	유치원 원장 및 원감	육군 장교
의약품영업원	인문계열 교수	자동차영업원	재무관리자	전기안전기술자
제품생산관련 관리자	중·고등학교 교장 및 교감	총무 및 인사관리자	치과 의사	컴퓨터하드웨어 기술자
토목감리기술자	판사	행정공무원	회계사	컴퓨터보안전문가

외향매화 기질의 리더십 스타일

- 개인보다 조직을 우선시하며, 조직에 질서를 세우고, 구성원 간에 분명한 위계질서와 팀워크를 강조한다.
- 계층구조를 존중하고 신속하게 업무가 진행되도록 관리하고 지시한다.
- 내가 가진 경험과 정보를 업무에 적용하는 것을 좋아한다.
- 전통적이고 실리적인 관점에서 문제를 해결한다.
- 육하원칙에 근거해서 업무를 분명하게 지시하며, 전달사항을 확인한다.
- 실제적이고 현실적으로 설명해 주는 것을 좋아한다.
- 이해가 되지 않는 것은 바로 질문해서 궁금증을 해결한다.
- 문제가 생기면 해결될 때까지 일에 전념하는 경향이 있다.
- 팀원들도 팀을 위해 자기처럼 열심히 일해 주길 기대한다.
- 팀워크를 해치는 직원에 대해서는 과감하게 징계한다.
- 자신처럼 열심히 일하지 않는 직원들에 대한 인내심이 부족하다.
- 빨리빨리 일하는 것을 좋아하며, 느리게 일하는 사람을 무능력하게 보는 경향이 있다.

- 빨리 결정하고, 빨리 결과물을 제출하는 것을 좋아한다.
- 성과지향적인 리더십을 추구한다.

외향매화 기질을 위한 조언

1. 모든 것을 성급하게 결정하지 않도록 하라.
2. 느리고 우유부단한 사람을 수용하도록 힘써라.
3. 마땅히 해야만 한다는 당위적 태도에서 벗어나 여유로움을 가져라.
4. 현실적 결과물에 집착하지 말고 장기적인 안목을 길러라.
5. 다른 사람의 말을 끝까지 경청하라.
6. 다른 대안과 다른 관점을 충분히 고려하도록 힘써라.
7. 여유롭게 일하는 내향난초 기질의 장점을 배워라.

외향매화 기질은 다른 사람의 말을 끝까지 듣는 연습을 많이 해야 한다. 이 기질을 가진 사람은 남의 말을 끝까지 듣지 않고 중간에 끊는 경향이 있으며, '그래서 결론이 뭡니까?'라는 식으로 결론만 빨리 말하라고 다그친다. 그래서 외향매화 기질이 아닌 사람들은 이들에게 수용과 공감을 받지 못한다는 느낌이 들기 쉽다.

빠른 결단력은 다른 사람의 말을 끝까지 듣지 못하게 방해하기 때문에 다른 기질은 외향매화 기질에게 판단 받고 평가를 받는다는 느낌을 가지게 된다. 또, 외향매화 기질을 가진 사람은 빠른 의사 결정이 정보를 충분히 고려하는 것을 방해한다.

'좋은 것은 가장 좋은 것의 최대의 적이다'라는 말이 있다. 좋아 보이는 것을 빨리 선택하면 더 좋은 것을 잡을 기회를 놓친다. 외향매화 기질은 의도적으로 다른 대안과 다른 관점을 고려할 수 있는 시스템을 만들어야 한다. 그러기 위해서는 다른 생각을 가진 사람들과 대안을 공유할 수 있는 시간을 가져야 한다. 성급한 결정은 최선책보다 차선책을 선택하게 하는 맹점을 가지고 있다.

이들은 조직에서 요구하는 형식이나 절차를 따르지 않는 사람을 싫어한다. 반복해서 실수를 하거나 비능률적으로 일하는 사람에 대해 인내심이 약하다. 그래서 일 중심적으로 사람들을 평가하고, 목표 달성에 지장이 된다고 생각하는 사람들을 희생시키는 경향이 있다. 인내심을 가지고 사람들의 성장과 변화를 기다려 주지 않으면 많은 사람을 잃게 될 것이다.

외향매화 기질은 반대 의견에 귀를 기울일 필요가 있다. 눈에 보이지 않는 일의 가치를 고대하거나 의미를 중시하는 사람들의 말에 귀를 기울여야 한다. 당장 성과가 날 수 있는 아이디어가 아니라고 하더라도 좀 더 거시적이고 미래지향적인 관점에서 폭넓은 아이디어를 수용하고 존중해 주는 태도를 개발할 필요가 있다.

내향매화 기질

➡ 보호하는, 헌신하는, 꼼꼼한, 인내하는, 보수적인

내향매화 기질의 특성

- 매화가 차가운 한파를 이기고 이른 봄에 꽃을 피우는 것처럼 인생의 풍파를 인내와 끈기로 참아 낸다.
- 정보가 부족한 일은 쉽게 시작하지 않으며, 한번 시작한 일은 책임지고 마무리한다.
- 화려한 미사여구보다 실제적이고 현실적인 언어를 사용한다.
- 신중하게 말하고, 자신이 한 말은 책임을 진다.
- 현재의 위험뿐만 아니라 만일의 사태에 생길 수 있는 위험요소에 대비한다.
- 유행을 받아들이는데 늦은 편이며, 많은 사람에 의해 검증된 이후에 유행을 받아들이려는 경향이 있다.
- 전통적인 가치를 존중하며 과거의 경험을 잘 활용해서 현재의 일에 적용하는 것을 좋아한다.
- 일에 필요한 정보와 절차를 잘 따르며 주어진 규율에 순응적이다.
- 권위를 가진 상사를 존중하며, 자신 역시 권위를 존중받기 원한다.
- 실용성과 현실성을 바탕으로 결정하며, 맡은 일은 흔들림 없이 일관성 있게 성취한다.
- 작고 사소한 일에 대해서도 상세한 기억력을 가지고 있다.
- 일관성 없이 행동하는 사람과 일하는 것을 좋아하지 않는다.

주어진 일을 열심히

성실

부지런함

- 한 번에, 한 가지 일에 자기 에너지를 집중하는 것을 좋아한다.
- 변화가 많거나 새로운 아이디어를 도출해야 하는 상황에서 스트레스를 많이 받는다.
- 대체로 화려하지 않고 단정하며, 전통적인 의복을 선호한다.
- 한 우물을 파는 사람들이며, 쉽게 동요되거나 흔들리지 않는다.

내향매화 기질이 선호하는 일의 특성
- 다른 사람의 방해를 받지 않고 집중해서 할 수 있는 일
- 명확한 매뉴얼과 표준 절차를 따라 하는 일
- 반복된 검토와 확인을 요하고 세밀한 관찰을 요구하는 일

- 새로운 아이디어를 계속해서 창출하지 않아도 되는 일
- 세부적인 관찰이 필요하거나 조사를 하는 일
- 신중하고 꼼꼼하게 처리하는 것이 많은 일
- 위계질서가 잘 갖추어져 있고 존중받는 구조에서 하는 일
- 이상적이거나 장기적인 목표보다는 현실에서 구체적인 생산을 목표로 하는 일
- 맡은 일을 사전에 준비할 개인적인 시간이 주어지는 일
- 매뉴얼에 따라 실행하면 결과가 보장되는 일

내향매화 기질이 선호하는 직업

검사	경리사무원	경제학연구원	관리비서	교도관
금융관리자	대학교무사무원	메카트로닉스 공학기술자	발전설비기술자	법무사
법학연구원	변리사	보육교사 및 보육사	사서	생산관리사무원
세무사	수학 교사	실업 교사	안경사	약사
육군 부사관	일반비서	자동차공학기술자	재무관리자	전기안전기술자
정보시스템 운영자	조세행정사무원	지도제작기술자	초등학교 교사	출입국심사관
측량 및 지리정보기술자	치과 의사	컴퓨터하드웨어 기술자	통신기기기술자	판사
품질관리사무원	행정공무원	회계사	재료공학기술자	회계사무원

내향매화 기질의 리더십 스타일

- 전통적이고 체계적인 조직에서 안전한 리더십을 발휘하기 좋아한다.
- 가족에 대한 책임감을 가지듯이 조직과 구성원들에 대해 책임감과 의무를 다하여 돌보고 관리한다.
- 무질서한 조직에 질서를 부여하는 것을 중요하게 생각한다.
- 잠깐의 화려한 성과보다는 지속적이고 안정적인 성과에 더 비중을 둔다.
- 신뢰하거나 검증할 수 있는 경험과 지식을 활용해서 조직을 이끈다.
- 필요한 정보를 꼼꼼하게 검토하도록 지시한다.
- 무질서한 것을 싫어해 작업 환경은 깔끔하게 정리정돈 할 것을 요구한다.
- 정보는 다음을 위해 잘 보관하고 관리할 것을 요구한다.

내향매화 기질을 위한 조언

1. 규칙이나 고정관념에서 벗어나 좀 더 유연한 태도를 갖도록 하라.
2. 새로운 지식과 변화에 좀 더 능동적이고 적극적으로 대처하라.
3. 자신의 불편한 마음을 억누르지 말고 솔직히 털어놓아라.
4. 현재 보이지 않는 가능성에 대해 마음을 열어라.
5. 인생의 장기계획을 세우고 좀 더 길고 넓게 보려고 노력하라.
6. 즐기면서 일하는 외향난초 기질의 장점을 배워라.

　　내향매화 기질은 새로운 변화에 대해 소극적이거나 부정적으로 대응하기 쉽다. 그래서 자신이 경험하지 않았거나 알지 못하는 것에 대해 잘 받아들이지 않는 경향이 있다.

내향매화 기질은 다양한 아이디어를 지속적으로 도출해야 하거나 변화가 많은 환경에서 스트레스를 많이 받는다. 이런 특징 때문에 다른 사람들의 새로운 제안이나 빠르게 변화하는 환경에서 능동적으로 대처하는 능력이 떨어진다. 그래서 주변 사람들이 혁신적인 성향일 때 그들의 아이디어를 무시하거나 받아들이지 않으려는 경향이 있다.

이들은 다양한 정보와 새로운 아이디어에 마음을 열어 좀 더 속도감 있게 변화에 대처할 필요가 있다. 그러므로 항상 변화와 가능성에 마음을 열고 수용해야 한다.

내향매화 기질은 장기 플랜을 세우는 데 관심을 가져야 한다. 현재에 일어나는 일상적이고 세부적인 정보는 잘 다루지만, 장기적이고 거시적인 부분은 관심이 적기 때문이다. 그래서 이들은 의도적으로 멀리 보는 연습을 해야 하며, 다른 기질 사람들의 장기 플랜에 대해 마음을 열고 대화할 필요가 있다. 또, 트렌드에 관심을 가지고 미래 세계가 어떻게 흘러갈 것인지 예측하고 준비하는 자세가 필요하다.

이들은 인생을 즐겁게 사는 법을 배워야 한다. 하나를 하더라도 재미있게 하는 외향난초 기질처럼 유희적이고 긍정적인 삶의 태도를 배워야 건강한 리더십을 발휘할 수 있게 된다. 또, 삶의 여유와 유머 감각을 배워야 하고 자신을 위해 돈을 쓸 수 있어야 하며, 자기를 위한 시간을 먼저 확보해야 한다. 다른 사람과 재미있게 어울려 사는 법을 배우기 위해 적극적인 취미 활동을 해야 한다.

2

난초를 닮은 사람

'난초 기질'은 난초와 유사한 특성이 있다. 난초의 특성은 6-3장에서 자세히 설명하겠다.

난초 기질은 외향난초 기질과 내향난초 기질로 구분된다. 외향난초 기질은 인생의 자유와 행복을 외부에서 찾기 위해 다양한 활동을 하는 반면, 내향난초 기질은 자유와 행복을 방해받지 않기 위해 조용한 장소에서 유유자적하기 원한다.

아래 설명을 읽으며 각자 자기에게 있는 특성을 찾아보고, 자기 삶과 어떤 연관성이 있는지 탐색해 보기 바란다.

외향난초 기질

➡️ **활동적인, 낙천적인, 개방적인, 사교적인, 자발적인**

외향난초 기질의 특성

- 휴가, 젊음, 축제, 스포츠의 계절인 여름에 정열적인 모습을 보인다.
- 장시간 일하기보다 짧은 시간 집중해서 일하고 충분한 휴식을 원한다.
- 함께 있는 사람들을 즐겁게 하며 생동감 넘치는 분위기를 만든다.
- 최고의 음식, 와인, 고가의 자동차, 최신 유행의 옷을 즐긴다.
- 파티를 좋아하며 맛있는 음식, 나이트클럽, 회식에 매료된다.
- 책상에 앉아 고민하기보다 행동으로 문제를 해결한다.
- 어디를 가든 아는 사람들이 있으며, 넓은 인맥을 자랑한다.
- 때로는 문제를 해결하기 위해 규칙이나 관습에서 벗어날 수 있다.
- 다른 사람들을 잘 설득하고 타협점을 잘 찾는다.
- 어떤 상황에서도 문제를 낙천적이고 긍정적으로 바라본다.
- 마감일이 되어도 스트레스를 덜 받으며 '어떻게 되겠지'라고 생각한다.
- 현재를 사는 사람들이다. 과거는 이미 지나갔고 미래는 아직 오지 않았다고 생각한다.
- 장기적인 안목으로 결정하는 것이 약하며, 현재의 상황에 따라 결정하는 경향이 있다.
- 복잡하고 장황하게 설명하는 사람을 싫어하며, 간단명료한 설명을 좋아한다.
- 이들에게 인생은 축제이자 즐거움의 원천이어서 최대한 삶을 재미있고

즐겁게 살려고 한다.

- 친구들과 항상 몰려다닌다. 친구는 가족 이상의 중요한 동반자이다.
- 재미없는 것은 이들에게 호감을 주지 못하며, 일이든 공부든 재미있는 요소를 찾으려고 한다.
- 돌발 상황은 스트레스가 아니라 또 하나의 흥미진진한 일이 될 수 있다.
- 이들에게 삶은 게임의 연속이다.

외향난초 기질이 선호하는 일의 특성
- 가장 쉽고 간편하게 하는 방법을 찾는 일
- 갈등이 생겼을 때 타협하고 협상하는 일
- 규칙이나 규율이 많지 않고 자유로운 환경에서 하는 일

- 기회가 왔을 때 과감하게 모험할 수 있는 일

- 복잡한 이론보다 실제적인 행동으로 할 수 있는 일

- 사람들에게 즐거움과 행복을 주는 일

- 퇴근 후에 자유와 여가를 즐길 수 있는 일

- 장기적인 것보다 단기적인 결과가 빨리 나오는 일

- 정해진 절차에 따라 반복적으로 하는 일보다 돌발적인 상황에서 순발력을 발휘해야 하는 일

- 많은 사람과 만나고 교류할 수 있는 일

외향난초 기질이 선호하는 직업

개그맨·코미디언	경찰관	경호원	교도관	놀이치료사
레스토랑 지배인	레크레이션 강사	리스크매니저	마술사	물리치료사
미용사	바텐더(조주사)	부동산 펀드매니저	사진기자	상점판매원
선장 및 항해사	소방관	쇼핑호스트	스포츠강사	신문기자
애완동물미용사	여행관련관리자	연주가	영양사	영업 및 판매관리자
예체능계열 교수	외환딜러	요리 강사	웃음치료사	웨이터 및 웨이트리스
음식료품감정사	응급구조사	이·미용 강사	인명구조원	청소년지도사
체육 교사	파티플래너	항공기 조종사	행사기획자	홍보 도우미 및 판촉 도우미

외향난초 기질의 리더십 스타일

■ 현실 파악이 빠르고, 그것을 위해 어떤 것을 포기하고 무엇을 취득해야 하는지를 빨리 분별하고 결정한다.

■ 직접 보고 눈으로 확인한 것을 신뢰하며, 사람들에게도 그렇게 하기를 요구한다.

■ 복잡한 이론보다는 단순한 행동을 요구한다.

■ 가장 효율적인 방법을 찾는 실용주의 리더십을 발휘한다.

■ 위기 상황에서 앞장서는 리더이다. 위기 상황에서 뒤로 물러서지 않고 기꺼이 책임을 지고 문제와 대면한다.

■ 어떠한 상황에서도 문제 해결 방법을 찾아낼 수 있다는 긍정적인 생각을 가진 리더이다.

■ 뛰어난 현실 감각을 바탕으로 문제를 해결할 수 있다는 감이 오면, 과감하고 때로는 충동적으로 결정하며 위험을 기꺼이 감수하는 스타일이다.

외향난초 기질을 위한 조언

1. 인생의 진정한 의미와 목적을 세우도록 하라.
2. 자신의 충동성을 절제하는 방법을 찾도록 하라.
3. 보이는 것이 전부가 아니라는 것을 기억하라.
4. 삶의 쾌락과 향락에 빠지지 않도록 주의하라.
5. 처음 세운 목표를 끝까지 최선을 다해 마무리하라.
6. 인생의 가치와 의미를 추구하는 내향국화 기질의 장점을 배워라.

외향난초 기질은 즉흥적으로 일을 처리하는 것을 조심해야 한다. 순간의 선택이 십 년을 좌우하기 때문이다. 그래서 한 번 더 생각하고 다른 사람의 조언을 충분히 들은 후 결정하는 습관을 길러야 한다.

외향난초 기질은 삶의 의미를 찾는 일에 노력할 필요가 있다. '내 인생 재미있게 살면 되는 것 아니냐'라는 단순한 생각에서 벗어날 필요가 있다. 오감으로 확인할 수 없는 것들에 대한 의미, 가치, 영적 영역들에 관심을 가져야 한다. 삶의 의미를 무시하면 쾌락에 빠진 방탕한 삶을 살게 되기 때문이다.

당장 현실의 이득을 위해 장기적인 이득을 포기하지 않도록 하라. 이들은 긴 안목을 개발할 필요가 있으며 비전을 공유할 수 있는 모임을 찾을 필요가 있다.

맡은 일은 중간에 포기하지 말고 끝까지 최선을 다하도록 한다. 사람들은 누구나 어려운 상황이 닥치면 쉽게 해결할 수 있는 다른 길을 모색하거나 빠져나가려는 본능이 발동한다. 그러나 이렇게 하면 그 순간에 문제는 해결되겠지만, 그 상황을 지켜보는 사람들은 더 이상 당신을 신뢰하지 않게 될 것이다.

내향난초 기질
➡ **자발적인, 예술적인, 편의적인, 자유로운, 융통성 있는**

내향난초 기질의 특성

■ 함축되고 절제된 멋을 추구한다.

■ 세상이 자신을 간섭하는 것이 싫고, 자신이 세상을 향해 관여하지 않는다.

■ 대체로 혼자 자연과 풍류를 즐기는 태평스러움과 여유로움이 있다.

■ 미래를 위해 현재를 희생하라는 요구는 동기 부여가 되지 않는다.

■ 이 기질을 가진 자녀들은 조용하고 착하지만, 꿈과 의욕이 없어 보인다.

■ 음악, 미술, 조각 등 순수예술 분야에서 재능을 발휘한다.

■ 색, 선, 촉감, 향기, 맛에 예민하며, 일할 때 만지고, 보고, 냄새 맡고, 맛
보고, 듣는 오감을 활용하기 좋아한다.

■ 타인들의 삶을 있는 그대로 바라보는 편이다.

■ 자녀를 양육할 때 최소한의 관여만 하는 방목 스타일이다.

■ 다른 사람에게 의존하거나 부탁하기보다 스스로 해결한다.

■ 다른 사람에게 영향을 미치거나 다른 사람들을 자신이 원하는 방향으로
변화시키려고 하지 않는다.

■ 환경을 변화시키기보다는 자신이 그 환경에 적응한다.

■ 계획된 일보다는 돌발 상황에서 능력을 발휘한다.

■ 자기 생각이나 감정 표현하는 것을 아주 꺼린다.

■ 꼭 필요하다고 생각되는 말이나 복잡한 상황을 간략하게 말하거나
간단하게 정리한다.

- 적은 노력과 적은 에너지를 사용하여 효율적으로 일한다.

- 똑같은 설명이 반복되는 것을 견디지 못한다.

- 설명이 복잡하고 긴 것을 싫어하며, 간단명료한 것을 좋아한다.

- 할 일이 많이 있어도 걱정이 적고 낙천적이다.

- 평소에 있는 듯 없는 듯하고 침착한 편이다.

- 호기심이 많지만, 질문은 잘 하지 않는다.

- 혼자서 잘 논다.

내향난초 기질이 선호하는 일의 특성

- 다른 사람들의 간섭이 적고 자신만의 여유를 누릴 수 있는 일

- 도구를 사용하거나 기계를 다루는 일
- 마감 시간의 압박을 적게 받는 일
- 방해받지 않고 자신만의 작업 공간이 확보되는 일
- 섬세한 기술과 예술적 재능을 꼼꼼하게 발휘할 수 있는 일
- 실생활에 필요한 것을 생산하는 일
- 위험이 따르더라도 재미와 스릴을 느낄 수 있는 일
- 자기 생각을 말로 표현하는 것이 적은 일
- 장인, 기능공, 미술가, 조각가, 연주가, 기술자 등과 같이 도구와 기술을 활용하는 일
- 적은 노력과 에너지로 최상의 효과를 얻을 수 있는 일
- 조직 구성원 간에 나눔을 많이 필요로 하지 않는 일
- 지시와 명령을 최소화해서 할 수 있는 일

내향난초 기질이 선호하는 직업

경찰관	교도관	귀금속 및 보석세공원	도배공	동물사육사
레스토랑 지배인	마술사	메이크업 아티스트	무용가	물리치료사
미술 교사	미용사	바리스타	방송 송출 장비기사	보석감정사
분장사	사무기기설치 및 수리공	소방관	소아청소년과 의사	시각디자이너
실업 교사	안경사	애완동물미용사	약사	양식조리사

영상그래픽 디자이너	예체능계열 교수	웹 디자이너	일러스트레이터	제빵원 및 제과원
촬영기사	치과 의사	컴퓨터하드웨어 기술자	프로게이머	항공기정비원
화가	경호원	사진작가	자동차정비원	조경기술자

내향난초 기질의 리더십 스타일

■ 적은 노력으로 큰 효과를 창출하는 것을 추구한다.

■ 팀원들과 격의 없이 지내기를 좋아하면서도 예의를 지켜 주기 원한다.

■ 사람들이 자유로운 분위기에서 일할 수 있게 배려한다.

■ 장황하게 설명하는 것을 좋아하지 않는다.

■ 자신이 꼭 전달해야 할 말만 간략하게 설명하고, 어떻게 하는지 보여주는 스타일이다.

■ 충분하게 자기 생각을 표현하지 않는 경향이 있다.

■ 현재의 문제를 해결하기 위해 때로는 정해진 규칙이나 절차를 유연하게 적용한다.

■ 계획에 얽매이지 않고 상황에 따라 처리한다.

■ 조용하지만, 위기관리 능력은 탁월하다.

■ 권위주의에 반대하는 평등주의자이다.

■ 위기에 태연하게 대처한다.

■ 팀원들을 조용히 설득한다.

■ 팀원들이 일을 즐겁게 하도록 이끈다.

내향난초 기질을 위한 조언

1. 당신의 생각을 다른 사람에게 충분하게 표현하도록 하라.
2. 감정을 표현하는 기술을 배워라.
3. 적극성과 주도성을 개발하라.
4. 끈기를 개발하도록 하라.
5. 장기적 목표와 실행 계획을 세우도록 하라.
6. 열정적으로 일하는 외향국화 기질의 장점을 배워라.

　내향난초 기질은 자신이 말하는 능력이 부족하다고 느끼거나 말로 표현하는 것을 중요하게 생각하지 않을 수 있다. 그래서 말로 설명하지 않아도 진심은 전달된다고 생각해서 다른 사람에게 충분하게 설명하지 않는 경향이 있다. 그러다 보니 상황이 자기 생각과 다르게 진행되어도 관여하지 않고 지켜보다 막판에 가서야 문제 삼는 경우가 있다. 다른 사람에게 자율성을 보장하고 배려하는 것은 좋지만, 중간마다 자기 생각을 명확하게 표현할 필요가 있다. 마감일이 임박해서 문제를 상기시키기보다 과정 중에 자기 의견을 충분히 설명해 준다면 다른 사람들과 좀 더 효율적으로 일할 수 있을 것이다.

　내향난초 기질은 자기감정 표현 기술과 손으로 하는 정교한 기술만큼 정서표현 기술을 익힐 필요가 있다. 특별히 가까운 관계의 사람들에게 칭찬과 격려, 사랑의 표현 기술을 활용할 필요와 적극적인 태도를 개발할 필요가 있다. 이들은 여유로운 삶에 대한 욕구가 있어 만사를 느긋하게 받아들이는 경향이 있다. 주변 사람들이 바쁘게 움직여도 이들은 여유로움을 잊지 않는다. 때로는 이들의 여유롭고 낙천적인 태도 때문에 주변 사람들이 속 터져 한다. 그러므로 좀 더 부지런하게 행동할 필요가 있고, 마감 시간을 맞추어 일을 진행할 필요가 있다.

3

국화를 닮은 사람

　'국화 기질'은 국화와 유사한 특성이 있다. 국화의 특성은 6-4장에서 자세히 설명하겠다.

　국화 기질은 '외향국화 기질'과 '내향국화 기질'로 구분된다. 외향국화 기질은 다양한 외부 사람들과 평화로운 관계를 유지하기 위해 노력하는 반면, 내향국화 기질은 소수의 사람과 일대일의 관계에서 자기 따뜻함을 표현한다. 아래 설명을 읽으며 각자 자기에게 있는 특성을 찾아보고, 자기 삶과 어떤 연관성이 있는지 탐색해 보기 바란다.

외향국화 기질

➡ **열정적인, 언어적인, 창의적인, 성장하는, 표현적인**

외향국화 기질의 특성

■ 사람이나 사물에 대해 열려 있으며, 낙천적이고 개방적인 기질의 사람들이다.

■ 풍부한 상상력과 꿈을 가지고 있으며, 상상력을 실행하고 싶어 한다.

■ 새로운 것을 실행하고 싶은 욕구가 생기면 쉽게 시작한다.

■ 끊임없이 자신과 속한 그룹이 해야 할 일들을 뜬금없이 생각해 낸다.

■ 기존의 것이 아직 마무리되지 않아도 새로운 것을 부담 없이 시작할 수 있다.

■ 계획에 없었던 일들도 직관적인 상상력과 아이디어로 순식간에 만들어 낼 수 있다.

■ 다른 사람과 어울리기 좋아하고 새로운 관계를 잘 개발한다.

■ 개인의 잠재된 능력을 잘 불러일으키고 그들에게 할 수 있다는 자신감을 심어준다.

■ 기존의 관습과 틀을 벗어난 파격적인 아이디어와 격의 없는 방식으로 사람들에게 접근한다.

■ 다른 사람의 재능을 잘 관찰하고 그 재능을 잘 발휘할 수 있도록 환경을 조성한다.

■ 사람들이 가지고 있는 내적 잠재력을 끌어내어 성장하도록 이끌어준다.

■ 화술이 뛰어나고 말로 자기 생각을 잘 표현하는 재능을 가지고 있다.

■ 어떤 사람을 만나도 그들 속에 있는 긍정적인 잠재력을 격려하고 칭찬할 줄 아는 매력이 있다.

■ 어느 곳에 가든지 인기가 있으며, 모든 사람에게 쉽게 접근하고 감사표현을 잘한다.

■ 순수하고 열정적인 사랑이나 이상적이고 완벽한 사랑을 갈망한다.

외향국화 기질이 선호하는 일의 특성

■ 개인의 창의성이 존중되고 자기 열정을 발휘할 수 있는 일

■ 반복적이지 않고 다양한 변화를 경험할 수 있는 일

■ 상상력이 무시되지 않는 분위기에서 하는 일

■ 새로운 일을 할 수 있는 자율성이 보장되는 일

■ 소외된 사람들을 돌볼 수 있는 일

- 의사소통을 자유롭게 할 수 있는 일
- 인류평화와 복지에 기여할 수 있는 일
- 일정을 스스로 계획하고 조정할 수 있는 일
- 창의적인 해결책을 자유롭게 건의할 수 있는 일

외향국화 기질이 선호하는 직업

결혼상담원	고객상담원	관광통역안내원	광고 및 홍보전문가	교육계열 교수
국어 교사	기획 및 홍보·광고 관리자	놀이치료사	레크레이션 강사	리포터
마케팅전문가	만화가	목사	미술 교사	미용사
방송작가	보건 교사	사회복지사	상담전문가	성우
소아청소년과 의사	쇼핑호스트	상담전문가	아나운서	언어치료사
영업 및 판매관리자	예능강사	외교관	외국어 교사	웃음치료사
음악 교사	이미지 컨설턴트	인적자원전문가	일러스트레이터	직업상담사
청소년지도사	커리어코치	통역가	특수학교 교사	헤드헌터

외향국화 기질의 리더십 스타일

- 정열과 열정으로 새로운 변화를 만들어가는 지도자다.
- 마무리하는 것은 약하지만, 새로운 일을 시작하는 데는 긍정적이고 희망으로 가득하다.

- 주변 사람들에게 일을 시작할 수 있도록 열망을 심어줘 사람들이 일에 관심을 가지게 한다.
- 사람들과 관계 형성을 잘하며, 관계를 우선시하는 리더이다.
- 격려와 칭찬을 잘하고, 잘 웃으며, 재미있게 말하고, 개인적인 관심을 보여 주는 리더이다.
- 편안하고 권위를 내세우지 않으며 격의 없는 리더이다.
- 잠재된 열정을 끌어내기 위해 동기를 부여하고 독려한다.
- 자아실현에 관심이 많고, 개인이 가지고 있는 최상의 잠재력을 개발하도록 도와준다.
- 개인의 발전이 조직 발전이라는 신념으로 직원들을 교육하는데 많은 투자를 한다.
- 민주적인 조직운영을 선호한다.
- 위계질서보다는 서로를 인격적으로 존중하는 방식으로 조직이 운영되기 원한다.
- 적재적소에 필요한 사람들을 잘 포섭하고 끌어온다.
- 새로운 프로젝트를 잘 만들며 그 일에 맞는 적임자가 누군지 잘 파악하여 연결시킨다.

외향국화 기질을 위한 조언

1. 당신의 열정을 적절히 컨트롤하라.
2. 우선순위를 정하여 중요한 것부터 먼저 하라.
3. 끝까지 하지 않을 일은 아예 시작하지 말라.

4. 다이어리 활용법을 배우고, 계획적인 삶의 습관을 개발하라.

5. 냉철한 분석력을 가진 내향대나무 기질의 장점을 배워라.

　외향국화 기질은 다른 사람의 말을 쉽게 믿는 경향이 있다. 다른 사람을 좋게 보려는 경향 때문에 거짓에 현혹되어 사기를 잘 당하는 기질이다. 실제로 많은 외향국화 기질들이 사람을 쉽게 믿어 어려움을 당한다. 그러므로 이들은 육하원칙에 따라 따져보고 의심해 보는 습관을 길러야 한다. 그러기 위해서는 스스로 검증할 수 있는 논리적 시스템을 구축해야 하며, 중요한 결정을 할 때는 분석력이 뛰어난 대나무 기질이나 매화 기질의 조언을 구하는 것이 좋다.

　외향국화 기질은 하고 싶은 일이 많아 중요한 것을 먼저 하는 습관을 길러야 한다. 우선순위를 분명히 하지 않으면 열정이 이끌어 가는 대로 살게 된다. 그렇게 되면 많은 활동은 하지만, 실제적인 성과는 미미해지기 쉽다. 또한, 너무 많은 일을 벌여 시작한 일을 마무리하지 못하고 흐지부지하게 된다.

　외향국화 기질에게 어울리는 속담이 있다면 '한 우물을 파라'는 것이다. 우선순위를 정하고 집중한다면 열정을 집중할 수 있어 좋은 성과를 이루어 낼 것이다.

　우선순위의 삶을 개발하려면 다이어리를 활용할 필요가 있다. 일, 주간, 월, 년 단위의 일정과 계획을 체계화시키면 중요하고 급한 것을 처리하는 동시에, 급하지는 않지만 중요한 일을 빠뜨리지 않게 된다.

선택과 집중은 외향국화 기질에게 내재된 특성은 아니지만, 훈련으로 습득할 수 있다.

내향국화 기질
➡ **이상적인, 공감하는, 신비로운, 의미적인, 자비로운**

내향국화 기질의 특성

- 사람들과의 관계에서 경쟁과 갈등을 피하고 조화를 추구한다.

- 복잡한 심리적 구조로 되어 있다.

- 다른 사람과 조화로운 관계를 위해 타인의 의향에 맞추어 행동하지만, 그런 모습이 자신의 원래 모습이 아니어서 타인에게 보여주는 모습과 실제 모습 사이에서 갈등한다.

- 이상적 자아와 현실적 자아의 차이로 인한 내적 갈등 때문에 이들 삶의 내면은 복잡하다.

- 삶에 의미를 부여하기 때문에 하루를 살아도 삶의 의미와 가치를 찾으려고 한다.

- 겉으로 드러나는 것보다 그 사람의 이면에 숨어 있는 개인의 심리에 관심을 기울인다.

- 인생의 가치에 대한 깊은 내적 갈망과 욕구는 다른 기질의 사람들에 비해 자연스럽게 종교나 심리학에 더 많은 관심을 가지게 한다.

- 평소에 부드러운 심성과 온화함으로 인해 잘 드러나지 않지만, 이상적

명분에 관련된 일에는 강한 의지력을 드러낸다.

■ 자유와 개인적 신념을 위해 죽음을 선택한 많은 순교자가 이 기질에 속한다.

■ 꿈을 꾸며 공상과 상상을 즐긴다. 자신과 타인의 꿈을 끌어내고 그 꿈을 성취하도록 자극하는 일을 좋아한다.

■ 생활 태도가 느긋하고 자유롭다.

■ 강압적인 명령이나 지시보다는 절대적 충성심을 가지도록 타인에게 동기를 부여하고 열정을 심어준다.

내향국화 기질이 선호하는 일의 특성

■ 경쟁적이지 않은 분위기에서 할 수 있는 일

- 경제적인 것보다 자신이 지향하는 인생의 의미와 가치가 부합되는 일

- 규율이나 규칙에 얽매이지 않는 일

- 마감 시간이 촉박하지 않은 일

- 사람들과의 관계에서 그들의 필요를 채워주는 일

- 사람들을 위해 봉사하는데 자기 아이디어를 많이 활용할 수 있는 일

- 사람들의 성장과 자아실현을 돕는 일

- 인간복지에 대한 신념이나 가치관에 부합되는 일

- 자유롭게 자기 상상력과 아이디어를 펼칠 수 있는 일

- 정해진 일을 하기보다 마음이 가는 대로 할 수 있는 일

- 직업적 윤리를 지키면서 할 수 있는 일

내향국화 기질이 선호하는 직업

간병인	간호사	교육계열 교수	국어 교사	만화가
목사	미술 교사	보육교사·보육사	사서	사회계열 교수
사회복지사	상담전문가	육아도우미	소설가	수녀
시인	심리학연구원	애니메이션기획자	애완동물미용사	약사
언어치료사	예체능계열 교수	외국어 교사	웹 기획자	음악 교사
음악치료사	인문계열 교수	일러스트레이터	임상병리사	임상심리사
작사가	직업상담사	청능사 (청능치료사)	청소년지도사	총무 및 인사관리자
출판물 편집자	캐릭터 디자이너	통역가	특수학교 교사	한의사

내향국화 기질의 리더십 스타일

- 내향국화 기질은 경청하는 리더십을 발휘한다.
- 신뢰할 수 있는 관계를 최우선으로 생각하는 리더이다.
- 개인적인 관계를 통해 잠재된 열정을 끌어내기 좋아한다.
- 자아실현에 관심이 많으며, 사람들의 잠재력을 개발하도록 도와준다.
- 개인이 가진 자기만의 능력을 실현할 수 있도록 교육 기회를 제공하기 좋아한다.
- 권위적이고 폐쇄적인 조직을 싫어하여 민주적인 조직을 만들기 위해 노력한다.
- 자유로운 회의 진행방식을 선호하며 의견을 공유하는 분위기를 조성한다.
- 상대방의 미묘한 심리적 상태를 예리하게 통찰한다.
- 문제가 있는 사람을 빨리 알아채며, 개인적 상담을 통해 문제를 해결하는데 도와주려고 한다.
- 경쟁적인 조직에서는 스트레스를 많이 받는다.

내향국화 기질을 위한 조언

1. 꿈꾸는 것을 이루기 위해 오늘 실행해야 할 일을 찾아라.
2. 당신이 의미부여 하는 것이 객관성을 갖추고 있는지 검토하라
3. 당신의 인생을 좀 더 단순화시켜라.
4. 당신의 감정을 객관화시켜라.
5. 육체적인 활동을 늘려 운동하라.
6. 논리적으로 표현하는 외향대나무 기질의 장점을 배워라.

내향국화 기질은 다른 사람의 사정을 과하게 배려하는 것을 조심해야 한다. 이 기질의 사람들은 거절해야 할 상황에서 거절하지 못하고 본인이 다른 사람의 짐을 지는 경향이 있다. 그러니 사람 관계에서 역할의 경계선을 명확하게 세우도록 노력해야 한다. 본인이 해야 하는 일이 주된 일인지 아니면 부수적인 일인지를 명확하게 구분하여 꼭 하지 않아도 될 일은 거절할 수 있는 용기를 가져야 한다.

또, 다른 사람에게 지시하고 명령하는 습관을 길러야 한다. 굳이 말하지 않아도 알아서 잘해줄 것으로 쉽게 믿고 기다리면 낭패를 당한다. 사람의 본성은 자기중심적으로 움직인다는 것을 기억해야 한다. 그래서 성과를 내기 위해서는 주도적으로 관리하고, 때로는 지시하고 명령하고 책망해야 한다. 착하고 좋은 사람으로 머물러 있으면 성과를 볼 수 없다.

이 기질을 가진 사람들은 운동을 싫어하는 경향이 있다. 운동을 하지 않고 생각에 머물러 있으면 더 자신만의 생각에 몰두하게 된다. 규칙적인 운동은 에너지를 밖으로 발산하도록 도와준다. 에너지를 발산하지 않고 내면에 가두어 두면 과도한 감정의 지배를 받게 된다.

내향국화 기질은 감정 상태에 따라 몸이 가장 많이 영향을 받는 기질이다. 역으로 몸을 움직여 에너지를 발산하면 정신적인 건강을 유지하는 데 도움이 된다.

4

대나무를 닮은 사람

'대나무 기질'은 대나무와 유사한 특성이 있다. 대나무의 특성은 6-5장에서 자세히 설명하겠다.

대나무 기질은 '외향대나무 기질'과 '내향대나무 기질'로 구분된다. 외향대나무 기질은 새로운 세상을 만들기 위해 목표를 세우고 사람들을 끌어가기 좋아하지만, 내향대나무 기질은 새로운 세상을 만들기 위해 깊이 있게 분석하여 새로운 이론을 만들기 좋아한다. 아래 설명을 읽으며 각자 자기에게 있는 특성을 찾아보고, 자기 삶과 어떤 연관성이 있는지 탐색해 보기 바란다.

외향대나무 기질
➡ 혁신적인, 도전적인, 통솔하는, 전략적인, 진취적인

외향대나무 기질의 특성

- 새로운 일, 새로운 활동, 새로운 절차를 찾으며 더 나은 세상을 만들기 위해 주변 세계를 변화시키려는 강한 열망을 가지고 있다.
- 자기 비전과 아이디어를 실험하고 적용하기를 좋아한다.
- 현실에 만족하지 못하며 세상을 향해 매우 경쟁적인 태도를 보인다.
- 분석력이 뛰어나며, 복잡한 문제일수록 도전하고 싶어 한다.
- 영리하고 많은 일을 동시다발적으로 처리한다.
- 자기 관심 분야에 대해서는 전문가적 지식을 추구하며 확신과 자신감이 넘친다.

- 기존의 방식이나 전통보다 새로운 문제 해결 방식을 찾는다.

- 다른 사람들이 생각지 못했던 방식으로 문제를 해결하는 안목이 있다.

- 효율적인 목표 달성을 위해 규칙과 절차는 무시할 수 있다.

- 비효율성과 무능함에 대한 인내심이 약하다.

- 외향대나무 기질의 아이디어는 장기적 안목에서 시작된다.

- 자신이 바라는 이상을 현실로 만들기 위해 부단히 노력하고, 논리적이며 비평적인 태도로 접근한다.

- 현실에 안주하는 일 없이 현실에 대해 비판하고 새로운 대안을 찾는다.

- 무엇인가를 변화시켰다 하더라도 더 나은 것을 향해 새로운 것을 추구한다.

- 성취하고 싶은 일이 너무 많아 삶의 다른 면을 간과하는 경우가 있다.

- 효율적인 조직시스템을 만들기 위해 언제나 고민하고, 자신이 제시한 프로그램을 따르지 못하거나 일의 효율을 높이지 못하는 직원을 과감하게 해고하는 경향이 있다.

외향대나무 기질이 선호하는 일의 특성

- 경쟁적인 분위기에서 하는 일

- 대중 앞에서 시선을 받는 일

- 도전적이며 경쟁적인 일

- 빠르게 변화하는 조직에서 할 수 있는 일

- 새로운 목표 달성을 위해 조직을 이끄는 일

- 새로운 프로젝트를 기획하고 시작하는 일

- 시스템을 효율적으로 정비하는 일

- 전문적 능력을 갖춘 사람들과 상호 교류하는 일

- 조직을 선두지휘하며 통솔하는 일

- 지적 호기심을 자극하는 어렵고 복잡한 일

- 창의적인 아이디어를 실행할 기회가 주어지는 일

- 창조적이고 혁신적인 아이디어로 문제를 해결하는 일

외향대나무 기질이 선호하는 직업

경영정보시스템 개발자	검사	경기심판관	경영 컨설턴트	광고 및 홍보전문가
금융관리자	기업고위임원 (CEO)	기업인수합병 전문가	기획·홍보 및 광고관리자	도시계획 및 설계가
리스크매니저	마케팅전문가	방송기자	번역가	법무사
법학연구원	변리사	변호사	부동산 컨설턴트	사회단체활동가
상품기획자	스포츠에이전트	신문기자	아나운서	영업 및 판매관리자
영화배우 및 탤런트	외교관	의약계열 교수	재무관리자	전자제품개발 기술자
정신과 의사	제품생산관련 관리자	총무 및 인사관리자	통역가	투자분석가
판사	평론가	헤드헌터	체인점모집 및 관리영업원	네트워크관리자

외향대나무 기질의 리더십 스타일

- 효율적인 조직이 되도록 새로운 시스템을 도입하고 체계화시켜 변화를 주도한다.
- 변화에 능동적이며, 공격적인 태도를 취한다.
- 문제 상황에 부딪혔을 때 자기 능력을 시험해 볼 수 있는 도전의 장으로 생각한다.
- 장기적인 조직 플랜을 기획한다.
- 조직에 방해가 되는 요소는 사람이든 시스템이든 과감하게 변경하거나 제거할 수 있다.
- 기준이 높으며 칭찬에 인색하다. 잘한 것은 당연한 것으로 여기고, 잘못한 것은 냉철하게 비판하는 경향이 있다.
- 도전적으로 새로운 프로젝트를 많이 시작한다.
- 여러 가지 일을 동시에 진행해서 타 기질의 사람들은 이들의 추진력을 따라가지 못한다.
- 좋고 싫음이 명확하고, 옳고 그름이 분명하다.

외향대나무 기질을 위한 조언

1. 변화를 위한 변화를 추구하지 않도록 하라.
2. 너무 많은 것을 하려고 하지 말고 우선순위에 따라 선택하고 집중하라.
3. 다른 사람의 정서를 주의 깊게 살피도록 노력하라.
4. 경쟁이 아닌 순수한 동기를 개발하도록 하라.
5. 조화로운 인간관계를 추구하라.

6. 말없이 헌신하는 내향매화 기질의 장점을 배워라.

외향대나무 기질은 목표달성을 위해 다른 사람들의 정서를 희생시키려는 경향이 있다. 이들은 행동이 느리고 자기 주관이 뚜렷하지 못한 사람을 무시한다. 그래서 이들은 사람을 시스템의 한 부분으로 생각하는 경향이 있다.

사람은 시스템 그 이상이다. 시스템이 아무리 효율적으로 완비되어 있다고 해도 미묘한 사람의 정서가 결정적인 영향을 미칠 수 있다. 그러므로 이 기질을 가진 사람은 다른 사람의 감정을 존중하는 연습이 필요하다.

외향대나무 기질은 다른 사람들의 말을 끝까지 경청하는 습관을 길러야 한다. 이들은 핵심을 빨리 듣고 싶은 욕구 때문에 중간에 말을 자르고 '하고 싶은 말이 뭐냐'고 반문하거나 팀원들의 말을 끝까지 듣기보다 자신이 하고 싶은 말을 더 많이 하고 다른 사람을 설득시키려는 경향이 있다. 그래서 설득을 당한 사람은 좋은 기분으로 동의하지 않는다. 결국, 다음에는 같이 하지 않으려 할 것이다.

또, 장기적인 비전 제시는 잘하지만, 그것을 이루는 데 필요한 구체적인 세부 사항을 간과하는 경향이 있다. 목표 때문에 현재에서 다루어야 하는 문제들을 가벼운 것으로 치부하는 경향이 있으므로 다른 기질 사람들의 현실적인 안목을 존중할 필요가 있다.

외향대나무 기질이 보지 못하는 세부 정보를 민감하게 감지하는 사람들이 있다. 그들의 의견을 듣고 수용할 때 구체적인 결과물을 얻을 수 있을 것이다.

내향대나무 기질
➡ **이론적인, 독창적인, 독립적인, 회의적인, 논리적인**

내향대나무 기질의 특성

- 명쾌한 분석력, 미래를 예견하는 비전과 굳센 의지를 가진 사람이다.
- 비논리적이고 무질서한 것을 논리정연하게 만든다.
- 곧고 의지가 강한 사람이다.
- 다른 사람의 말을 쉽게 믿지 않으며, 납득이 되기까지 회의적인 성향을 보인다.
- 대나무처럼 냉정하고 딱딱하게 보일 수 있다.
- 다가가기 힘들고 잘난 척하는 사람이라는 오해를 받기 쉽다.
- 잘 웃지 않는 경향이 있어 심각한 고민을 하는 사람처럼 보일 수 있다.
- 스스로 알아서 하는 독립적인 사람이다.
- 끊임없이 배우고 연구하기 좋아한다.
- 풍부한 상상력과 장기적인 비전을 가지고 있다.
- 문제가 복잡할수록 도전해 보고 싶어 한다.
- 창의적인 육감으로 새로운 문제 해결력을 발휘한다.
- 수많은 아이디어를 쏟아내지만, 현실에 적용하여 경제적 이득을 얻는

것에는 약하다.

- 자기 아이디어를 세상에 드러내지 않고 혼자 간직하는 경향이 있다.

- 때때로 부정적이고 비판적인 상상력을 발휘하기도 한다.

- 역기능적 상상력을 발휘하면 독선적이고 거만한 사람으로 돌변하며, 자기 잘못은 티끌만큼도 인정하지 않는 고집불통이 되기도 한다.

- 명확한 어휘를 구사해 자기 생각을 간단명료하고 정확하게 전달한다.

- 필요 이상으로 말이 많거나 쓸데없이 잡담하는 사람을 싫어한다.

내향대나무 기질이 선호하는 일의 특성

- 독창적인 아이디어를 발휘해 새로운 시스템을 개발하는 일
- 방해받지 않는 독립적인 공간에서 개인 연구를 할 수 있는 일
- 비판, 분석, 논리적인 일
- 비효율적인 기존의 절차·방식을 개혁하는 일
- 새로운 이론, 절차, 방식을 개발하는 일
- 소집단의 전문성을 갖춘 사람들과 지식을 공유하고 토론하는 일
- 결과물보다 생산 이전 단계의 이론을 체계화하는 일
- 일상적인 잡무를 하지 않아도 되는 일
- 자기 이론을 실험해 볼 수 있는 일
- 장기비전을 기획하고 계획하는 일
- 지나친 규제, 규칙에 얽매이지 않는 일
- 합리성과 공정성을 최우선으로 하는 일

내향대나무 기질이 선호하는 직업

경영정보시스템 개발자	건축공학기술자	검사	경영 컨설턴트	공학계열 교수
금융자산운용사	기업고위임원 (CEO)	기업인수합병 전문가	나노공학기술자	리스크매니저
마케팅 및 여론조사전문가	물리학연구원	반도체공학 기술자	번역가	법무사
변리사	변호사	산업공학기술자	상품기획자	생명과학시험원

석유화학공학기술자	수학 및 통계연구원	시장 및 여론조사관리자	신문기자	신용분석가
약사	에너지공학기술자	원자력공학기술자	의약계열 교수	의약품화학공학기술자
자연계열 교수	전자계측제어기술자	정보시스템운영자	정신과 의사	컴퓨터시스템설계분석가
통계사무원	통역가	투자분석가	판사	평론가

내향대나무 기질의 리더십 스타일

- 새로운 이론, 개념, 디자인, 시스템을 구축하는 리더이다.

- 계층적 구조에서 발생하는 비효율성을 강하게 반대하며 능력 있는 사람이 대우받는 투명하고 경쟁력 있는 조직을 만든다.

- 비능률적인 모든 절차를 간소화하며, 불필요한 시스템은 과감하게 재정비한다.

- 조용하지만 예리한 분석력으로 직원들을 평가하며, 잘못된 부분은 예리하게 비판한다.

- 창의적인 문제 해결력으로 조직을 이끌어 간다.

- '모든 것이 다 그런 것은 아니다'라는 식으로 회의적인 반응을 보이는 경향이 있다.

- 다른 사람의 말에 공감하는 것이 약하다.

- 스스로 알아서 창의적인 아이디어와 능력으로 문제를 해결하기 원하며, 그 결과에 대해서는 냉정하게 평가한다.

- 많은 사람의 반대에 부딪히더라도 자신이 이루고자 하는 목표를 향해 신념과 원칙을 고수하는 경향이 있다.
- 마음에 없는 말을 하지 않으며, 다른 사람의 기분을 좋게 하는 사탕발림 발언은 잘 하지 않는다.
- 자신과 타인에 대한 기대 수준이 높다. 잘한 것은 당연하게 받아들이는 경향이 있다.

내향대나무 기질을 위한 조언

1. 겸손한 태도를 개발하라.
2. 지적으로 떨어지는 사람들을 용납하라.
3. 칭찬과 격려하는 스킬을 개발하라.
4. 타인의 감정을 분석하지 말고 공감하라.
5. 세상에 대한 불만을 내려놓고 웃어라.
6. 결과물을 창출하는 외향매화 기질의 장점을 배워라.

내향대나무 기질은 현실을 고려하지 않고 논리에 집중하는 경향이 있다. 그러므로 자기 아이디어가 현실적으로 어떻게 적용될 수 있는지 검토하는 시간을 투자해야 한다. 만일, 이들이 현실에서 어떤 결과물이 나올지 구체적으로 찾아보는 노력을 하지 않는다면 이들의 주장은 이론을 위한 이론, 논리를 위한 논리에 머물고 말 것이다.

이들은 다른 사람이 이룬 성과를 무시하는 경향이 있다. 그러므로 이들은 타인의 노력으로 이룬 결과물에 대해 진심 어린 칭찬과 격려하는 법을 배워야 한다. 다른 사람의 성과를 무시하는 태도는 이들을 거만하게 보이게 하며 다른 사람을 존중할 줄 모르는 사람으로 보이게 한다. 다른 사람을 존중하지 않는 사람을 존중해 줄 사람은 없다. 남을 대접하지 않고 자기가 대접을 받을 수 없기 때문이다.

또, 사람에 대한 무관심한 태도가 전체 팀워크를 저해할 수 있다. 사람을 대할 때 잘 웃지 않고 무관심한 태도를 보이는 경향이 있어, 다른 사람들의 개인사에 관심을 잘 가지지 않는다.

때로는 타인의 외모 변화에도 관심을 보이는 것이 팀워크에 도움이 된다. 자기 생각에 몰두해 다른 사람들이 어떤 상태인지 살피지 못한다면 좋은 인간관계를 이루어 가는 것은 불가능하다.

3장

:

같은 기질의 사람끼리는 통하는 것이 많을까?

같은 기질의 사람끼리 모이면 정말 잘 통할까?

　필자는 이런 궁금증이 생겨 같은 기질끼리 어떤 유사점이 있는지 알아보기 위해 100개가 넘는 그룹에 동일한 주제를 주고 그룹 토의를 시켰다. 그리고 그들이 토의한 것을 정리하고 서로 나누게 했다. 토의 주제는 자기 성격을 잘 표현하는 노래, 자신을 잘 표현하는 그림, 자신의 성격에 맞는 별칭, 격언이나 속담, 행동 특성들에 대한 것이 었다. 놀라운 것은 같은 기질에서 직종, 성별, 나이에 상관없이 유사한 내용이 반복해서 나온다는 것이다. 같은 기질끼리는 통하는 것이 많았는데, 그중에서도 반복적으로 많이 나왔던 내용을 모아 보았다.

1

부지런함으로 통한다

매화 기질은 부지런함으로 통한다. 이들은 성실하고 근면하다. 또, 정확한 결과를 얻기 위해 미리 계획하고 준비한다. 생각이 많은 내향 매화는 외향매화보다 더 많이 계획하고 준비한다. 반면, 외향매화는 계획과 실행도 빠르다. 외향매화는 아무것도 하지 않는 것이 힘든 사람이다. 그래서 시원시원하게 일한다.

내향매화는 일을 할 때 바로 실행하지 않고 부지런히 계획하고 검토한다. 외향매화의 계획이 빠른 결과를 얻기 위한 것이라면, 내향매화의 계획은 정확한 결과를 얻기 위한 것이다.

다음은 매화 기질 그룹이 자신의 성격을 잘 표현하는 별칭, 격언, 속담, 행동 특성 등을 노래로 표현한 것들로, 매화 기질이 어떤 사람인지 이해하는 데 도움이 된다.

외향매화 기질은 이런 사람이야!

➡ **다음은 외향매화 기질의 그룹에서 많이 나온 조 이름이다.**

신속맨, 퀵서비스, 우리에게 내일은 없다, 모범시민, 법규준수, 행동통일, 똑바로 해 이것들아, 우아한 카리스마, 행동대원, 일인자, 토종매, 설중매, 미실이들, 용맹호투, 레드 썬, 상록수, 필요한 사람, 화끈남녀

다음은 외향매화 기질의 그룹에서 많이 나온 장점이다.

- 가족 및 주변인들에게 힘이 되고, 이들에게 즐거움을 준다.
- 결단력이 있으며, 한번 결정한 것은 빨리 추진한다.
- 계획 관리를 위해 다이어리를 잘 활용한다.
- 공동체 의식이 강하다.
- 과거의 경험과 정보를 잘 적용한다.
- 교칙 위반하는 꼴을 못 본다.
- 구체적인 정보를 잘 수집한다.
- 규칙을 준수하고 틀에서 벗어나는 것을 참지 못한다.
- 노력 없는 요행은 바라지 않는다.
- 다른 사람들을 도와주기 위해 기꺼이 에너지를 쓴다.
- 다른 사람에게 본을 보인다.
- 계획에 따라 일을 추진한다.

- 바른말을 잘한다.

- 부지런하고 성실하다.

- 빚지고는 못산다.

- 솔선수범한다.

- 솔직담백하다.

- 신속·정확하게 일한다.

- 약속을 잘 지킨다.

- 육하원칙에 따라 분명하게 전달하고 확인한다.

- 일 처리 속도가 빠르고 완결성이 높다.

- 입 밖으로 낸 말은 반드시 책임진다.

- 조언을 잘한다.

- 조직의 단합을 중시하여 가족과 같이 서로 아끼며 도와준다.

- 조직의 성과를 위해 외부환경을 관리한다.

- 마감 시간 안에 일을 완수한다.

- 주변 일에 적극적으로 관여하여 해결한다.

- 주변 정리가 잘 되어 있고 깨끗하다.

- 준비를 잘한다.

- 판단력이 뛰어나다.

- 평소 모범적인 생활로 주위 사람들에게 칭찬을 듣는다.

- 현실 상황 파악을 잘한다.

외향매화 기질이 말하는 장점에서 이들은 목표 지향적이고, 성취

지향적인 특성이 있다. 그래서 이들은 일이 주어지면 바로 행동에 돌입하여 원하는 결과물을 만들어 낸다. 하지만, 여러 가지 주변 상황들을 충분히 고려하는 부분은 부족하다. 만일, 외향매화 기질이 결과물을 빨리 내고 싶은 자기 조급함을 반대 기질인 내향난초 기질에게 드러낸다면, 내향난초 기질은 숨이 막힐 것이다. 내향난초 기질은 여유롭고 자유로운 환경에서 자기 역량을 가장 잘 발휘하기 때문이다.

내향난초 기질의 사람이 원하는 결과를 내려면 이들이 일할 수 있는 환경을 제공해 줄 수 있어야 한다. 내향난초 기질은 구속되지 않는 자유로운 환경에서 최상의 자기 재능을 발휘할 수 있다. 자유를 추구하는 난초 기질은 여유와 선택의 기회가 주어져야 한다. 선택에는 책임이 뒤따르기 마련이다. 이들에게 선택의 기회를 주지 않으면 책임도 지지 않으려고 할 것이다.

외향매화 기질이 내향난초를 배려하지 않고, 강압적으로 몰아붙이면 내향난초는 말은 하지 않더라도 점점 도망가려고 할 것이다. 결국, 외향매화 기질은 아무리 억압하고 관리해도 억지로 되지 않는다는 것을 깨닫게 된다. 그래서 대부분은 포기상태에 돌입하게 되는데, 그 과정에서 서로가 많은 상처를 받게 된다.

외향매화 기질이 내향난초를 진정으로 이해한다면 그들이 갈망하는 여유와 자유의 욕구를 살리는 방향으로 리더십을 구사할 수 있어야 한다. 그러기 위해서는 외향매화와 내향난초 사이의 역동성을 이해하고 조절하는 것이 필요하다.

다음은 외향매화 기질이 선호하는 격언, 속담을 정리해 보았다. 다음의 격언을 보면 외향매화 기질은 부지런함, 실행, 결과, 노력, 연합, 계획, 충성, 단정함, 적극성 등을 중요하게 생각한다는 것을 알 수 있다.

- 1%의 천재성보다 99%의 노력이 더 중요하다.
- 검이 짧으면 진일보하라.
- 공짜는 없다.
- 구슬이 서 말이라도 꿰어야 보배다.
- 권선징악
- 누구보다 빠르게, 남들과는 다르게
- 누군가 할 일이면 내가 하고, 언젠가 할 일이면 지금 하고, 어차피 할 일이면 더 잘하자.
- 돌격 앞으로
- 뭉치면 살고 흩어지면 죽는다.
- 번갯불에 콩 볶아 먹는다.
- 복장 단정
- 뿌린 대로 거둔다.
- 사랑과 전쟁에서는 수단과 방법을 가리지 마라.
- 사필귀정
- 새벽을 깨우는 자가 성공한다.
- 아니 땐 굴뚝에 연기 날까?

- 안 되면 되게 하라.
- 열 번 찍어 안 넘어가는 나무 없다.
- 오늘 할 일을 내일로 미루지 마라.
- 인내는 쓰고 열매는 달다.
- 일찍 일어나는 새가 벌레를 잡는다.
- 일하지 않는 자 먹지도 마라.
- 작은 것부터 아끼자.
- 잠을 자는 자 꿈을 꾸고, 잠을 잊는 자 꿈을 이룬다.
- 젊어서 고생은 사서도 한다.
- 천하의 일은 부지런하면 잘 다스려진다.
- 한다면 한다.
- 하면 된다.
- 회사에 뼈를 묻는다.

'일찍 일어나는 새가 벌레를 잡는다'는 속담을 강조하는 사람들은 외향매화 기질일 가능성이 높다. 외향매화 기질은 나태하고 게으른 사람을 무척 싫어한다. 같이 일하는 사람이 게으르다고 생각되면 참지 못하는 경향이 있다.

외향매화, 내향매화 모두 게으른 것을 싫어하지만, 외향과 내향은 대처하는 방식에서 차이를 보인다. 외향은 에너지를 밖으로 사용하는 사람으로 불만이 있을 때 즉각적으로 표현하는 반면, 내향은 에너지를 안으로 사용하기 때문에 말하기 전에 신중하게 생각을 한다.

그래서 외향매화 기질이 내향매화 기질보다 게으른 사람에게 더 자주 지적하는 경향이 있다.

빨리 결과물을 제출하는 것을 원하는 외향매화 기질과 느긋한 내향난초 기질이 같은 공간에서 일하게 되면 상극의 만남이 된다. 외향매화 기질 눈에는 내향난초의 행동이 게을러 보일 것이다. 목표가 없고 의욕이 없는 무능한 사람으로 인식하기 쉽다. 그래서 내향난초에게 '답답해서 속 터진다'라는 피드백을 자주 할 가능성이 높다.

내향난초에게 외향매화 기질은 쓸데없는 일에 과도하게 간섭하여 다른 사람의 의욕을 저하시키는 사람으로 보일 것이다. 차라리 가만히 있으면 좋겠는데 끊임없이 잔소리하여 주변 사람들을 피곤하게 만드는 사람으로 생각한다.

외향매화 기질은 반대 기질인 내향난초를 어떻게 대해야 할까?

내향난초는 강압적인 분위기에서는 긴장이 되어 자기 역량을 발휘할 수 없다. 내향난초 기질은 흥에 겨워야 한다. 외향매화 기질이 못마땅한 눈빛으로 째려본다면 주눅이 들 것이다. 내향난초는 흥이 나면 밤을 새워 일해도 피곤한 줄 모르고 일을 한다. 그러니 내향난초의 흥을 살리는 방법을 찾아야 한다.

내향난초는 선택의 기회를 줄 때 자유로움을 느낀다. 여러 가지 대안 중에 하나를 선택할 수 있는 여지를 주어야 한다. 내향난초에게 다른 대안을 주지 않고 이것을 꼭 해야 한다고 하면 상당한 구속감을 느낄 것이다.

외향매화 기질은 내향난초가 자기 마음을 잘 표현하지 않는다고 한다. 내향난초가 속내를 드러내지 않는 이유에 대해서는 잘 감지하지 못한다. 외향매화 기질은 누가 이야기하면 끝까지 듣지 못하고 중간에 말을 끊고 들어온다. 그리고 자신이 더 많은 말을 하고 가르친다. 이러면 내향난초는 자신이 수용받지 못한다는 느낌이 든다. 이런일이 반복되면 내향난초는 하고 싶은 말이 있어도 입을 열지 않는다.

다음은 외향매화 기질이 자기 인생과 잘 어울린다고 생각하는 노래이다. 제목과 가사를 보면 외향매화 기질이 어떤 사람인지 이해하는 데 도움이 된다.

> ♫ **새마을 운동 노래:** 새벽종이 울렸네 새 아침이 밝았네 너도나도 일어나 새 마을을 가꾸세 살기 좋은 내 마을 우리 힘으로 만드세
> ♫ **잘살아 보세:** 잘살아 보세 잘살아 보세 우리도 한번 잘살아 보세
> ♫ **둥근 해가 떴습니다:** 둥근 해가 떴습니다 자리에서 일어나서 제일 먼저 이를 닦자 윗니 아랫니 닦자 세수할 때는 깨끗이 이쪽저쪽 목 닦고 머리 빗고 옷을 입고 거울을 봅니다
> ♫ **새 나라의 어린이:** 새 나라의 어린이는 일찍 일어납니다 잠꾸러기 없는 나라 우리나라 좋은 나라

♬ **아빠 힘내세요**: 아빠 힘내세요 우리가 있잖아요 아빠 힘내세요 우리가 있어요

♬ **일어나**: 일어나 일어나 다시 한번 해보는 거야 일어나 일어나 봄의 새싹들처럼

♬ **들장미 소녀 캔디**: 외로워도 슬퍼도 나는 안 울어 참고 참고 또 참지 울긴 왜 울어 웃으면서 달려보자 푸른 들을 푸른 하늘 바라보며 노래하자

♬ **달려라 하니**: 달려라 달려라 달려라 하니 이 세상 끝까지 달려라 하니 난 있잖아 슬픈 모습 보이는 게 제일 싫어 약해지니까 외로워 눈물 나면 달릴 거야 바람처럼

♬ **무조건**: 내가 필요할 때 나를 불러줘 언제든지 달려갈게 낮에도 좋아 밤에도 좋아 언제든지 달려갈게

♬ **젊은 그대**: 거칠은 벌판으로 달려가자 젊음의 태양을 마시자 보석보다 찬란한 무지개가 살고 있는 저 언덕 너머 내일의 희망이 우리를 부른다 젊은 그대 잠 깨어오라 젊은 그대 잠 깨어오라

이상에서 살펴본 것과 같이 외향매화 기질은 열심히 노력하는 삶, 부지런한 삶, 힘든 일이 있을 때 다시 일어나는 삶, 희망을 가지는 삶을 노래한다. 외향매화 기질은 잘살아 보겠다는 의지가 충만함을 알 수 있다.

열심히 살겠다는 의욕이 가득한 외향매화 기질에게 게으른 사람은

인간이 아니다. 그들은 못된 사람은 용서해도 게으른 사람은 용서할
수 없다고 한다.

내향매화 기질은 이런 사람이야!
➡ 다음은 내향매화 기질의 그룹에서 많이 나온 조 이름이다.

모범생, 황소, 창의력 제로, 블랙홀, 풀꽃, 큰 바위, 벌집, 외유내강, 뒷
북, 열쇠, 내향 캔디, 따라와, 원더 개미, 첨성대, 거북이 달린다, 꼼꼼
히, 다이아몬드, 세상의 빛과 소금, 초심, 돌다리, 설중매, 내조의 여왕,
햇살 담은 매실, 늘 처음처럼, 민들레, 일편단심, 워낭소리, 전전긍긍,
현미경, 솥뚜껑, 초지일관, 보험, always, 장남·장녀들, 개미, 소들의
행진, 일개미, 한 우물, FM

다음은 내향매화 기질의 그룹에서 많이 나온 장점이다.

- 가족이나 조직의 안전을 지키는데 신경을 많이 쓴다.
- 고지식하고 사람을 깊게 사귄다.
- 구체적이고 상세하게 계획을 세운다.
- 규칙적이다.
- 기본 생활 습관을 잘 지킨다.
- 기존의 전통과 질서를 잘 따른다.

- 꼼꼼하다.

- 다른 사람에게 부탁하지 않고 남에게 피해 주지 않는다.

- 돌출 행동을 하지 않는다.

- 맡겨진 일을 포기하지 않고, 말없이 꾸준히 한다.

- 메모를 잘한다.

- 모범적이다.

- 모성애가 강하다.

- 항상 위험요소에 대비한다.

- 방 청소를 깨끗하게 한다.

- 법령, 규정을 따진다.

- 보호본능이 강하다.

- 쉽게 동요하거나 흔들리지 않는다.

- 실제적이고 현실적인 언어를 사용한다.

- 안전한 것을 추구한다.

- 알뜰하고 사치를 하지 않는다.

- 약속을 잘 지킨다.

- 예의 바르다.

- 위계질서를 중시한다.

- 인생의 풍파를 인내와 끈기로 참아 낸다.

- 자료 정리를 잘하며, 체계적으로 관리하고 보관한다.

- 작고 사소한 일에 대해서도 상세하게 기억한다.

- 한 우물을 판다.

- 정보와 절차를 잘 따르며 주어진 규율에 잘 순응한다.
- 준비물을 잘 챙긴다.
- 질서를 잘 지킨다.
- 집 나가면 개고생이다.
- 차분하다.
- 터무니없는 환상을 싫어하고 현실적이다.
- 한번 시작한 일은 끝까지 마무리한다.
- 신중하게 말하고 자신이 한 말에 대한 책임을 진다.
- 현실적이고 사리 분별력이 뛰어나며 꼼꼼하게 정보를 검토한다.
- 효를 중시하고 어른을 공경한다.

내향매화 기질이 말하는 장점을 보면, 인내심이 강하고, 꼼꼼하고, 신중하고, 책임감이 강하고, 안전을 중시하고, 미리 준비하고, 전통을 중시하고, 경험을 중시하고, 일관성이 있고, 꾸준하고, 계획을 잘 세우고, 정리정돈을 잘하는 특성을 보인다. 반면, 결정을 내리기까지 오랜 시간 심사숙고하다 기회를 놓치기 쉽고, 사소한 문제에 집착하다 큰 것을 보지 못할 수 있다. 이러한 내향매화 기질의 성향을 반대 기질인 외향난초에게 강조하면 어떻게 되겠는가? 아마 감각적으로 결정하기 좋아하고 쉽게 시작하는 외향난초의 열정은 제동이 걸리고 금방 식어버릴 것이다.

외향난초 기질은 일도 재미있어야 한다. 흥이 나야 신명 나게 일하는 기질이다. 외향난초에게 내향매화 기질이 자주 점검하는 것은 불붙는 장작에 찬물을 끼얹는 것과 같다.

내향매화 기질과 외향난초의 관계는 '개미와 베짱이'에 비유되곤 한다. 베짱이는 더운 여름에 노래하며 즐기다 겨울에 먹을 것이 없는 신세가 된다. 하지만, 여름은 즐겁게 살 수 있었다. 반면, 개미는 더운 여름에 열심히 일하고 저축하여 겨울에 안정적인 생활을 할 수 있었지만, 아마도 평생 일만 하고 놀지 못하고 죽을 것이다. 개미와 베짱이는 같이 일하고 같이 놀기도 하는 보완적인 방법을 찾아야 할 것이다.

다음은 내향매화 기질이 선호하는 격언, 속담을 정리해 보았다. 다음의 격언을 보면 내향매화 기질은 신중함, 법, 규칙, 준비, 인내, 정당함, 검토, 노력, 세밀함, 조심성 등을 중요하게 생각한다는 것을 알 수 있다.

- 가만히 있으면 중간이라도 한다.
- 거미도 줄을 쳐야 벌레를 잡는다.
- 꺼진 불도 다시 보자.
- 고생 끝에 낙이 온다.
- 공든 탑이 무너지랴.
- 낙숫물이 바위를 뚫는다.
- 노력은 성공의 어머니다.

- 눈물을 흘리며 씨를 뿌리는 자는 기쁨으로 단을 거두리로다.
- 대기만성
- 돌다리도 두드려보고 건넌다.
- 돌도 갈면 빛난다.
- 로마는 하루아침에 이루어지지 않았다.
- 모범은 모든 인간의 교훈이다.
- 심사숙고
- 쓰러질지언정 포기하지 않는다.
- 악법도 법이다.
- 우공이산
- 윗물이 맑아야 아랫물이 맑다.
- 유비무환
- 인내는 쓰고 열매는 달다.
- 일찍 일어나는 새가 벌레를 잡는다.
- 조강지처
- 지루하다는 것은 젊음에 대한 죄다.
- 지성이면 감천이다.
- 참는 자에게 복이 있다.
- 천 리 길도 한 걸음부터
- 최고보다는 최선을 다하자.
- 침묵은 금이다.
- 콩 심은 데 콩 나고 팥 심은 데 팥 난다.

- 티끌 모아 태산
- 필요한 사람이 되자.
- 한 우물을 파라.

'돌다리도 두드려보고 건넌다'는 속담을 강조하는 사람은 내향매화 기질일 가능성이 높다. 내향매화 기질은 대충하는 것을 매우 싫어해 '그까짓 거 대충하지 뭐!' 이런 말을 하는 사람을 경계한다.

내향은 외향보다 더 많이 생각한다. 외향매화나 내향매화 모두 구체적인 경험과 자료를 활용해서 실제 결과물을 얻기 위해 부지런히 일하는 사람이지만, 외향매화는 결과물을 빨리 도출하는 반면, 내향매화는 결과물을 정확하게 도출하는데 관심이 많다.

내향매화는 실수하는 것을 싫어하여 여러 번 확인한다. 그래서 사람들에게 정확하게 일하는 것을 강조하고 재차 확인하라고 요청한다. 내향매화 기질은 사람이 가진 8가지 기질 중에서 가장 보수적이고 안정 지향적인 경향이 있다.

내향매화 기질에게 신중하지 못하고 덜렁거리는 외향난초 기질은 큰 걱정거리가 된다. 내향매화 기질이 보기에 외향난초 기질은 일을 대충 하고 제시간에 마무리하지 못하는 책임감이 없는 사람이다. 일은 벌여 놓고 뒷수습은 하지 않아 따라다니면서 뒷바라지해 주어야 한다. 그래서 내향매화 기질은 외향난초 기질에게 말만 하지 말고 깔끔하게 일 처리하라고 책망한다.

외향난초 기질의 눈에 내향매화 기질은 사람을 믿지 못하고 쓸데없이 잔걱정이 많은 속 좁은 사람으로 보인다. 차라리 가만히 있으면 기분 좋게 일을 할 텐데 잔소리 때문에 기분이 나빠 일하기 싫다고 한다. 내향매화 기질은 허풍떠는 사람을 싫어하는데 내향매화 기질이 볼 때 외향난초 기질은 근거 없는 자신감이 넘친다. 외향난초 기질에게 내향매화 기질은 인생을 재미없게 사는 사람이다. 한 번 사는 인생 즐기지 못하고 일만 하다가 죽을 불쌍한 사람이다.

내향매화 기질은 반대 기질인 외향난초 기질을 어떻게 대해야 하는가? 내향매화 기질은 특별히 외향난초 기질을 대할 때 각별히 신경을 써야 한다. 꼼꼼하게 챙기는 내향매화 기질의 행동에 외향난초 기질은 숨 막힐 것이다. 그러니 큰 것만 지시하고 나머지는 맡겨 두어야 한다. 그리고 하고 싶은 말이 있으면 뒤로 미루지 말고 그때그때 해야 한다.

내향매화 기질은 할 말을 뒤로 미루는 속성이 있어 여러 번 쌓아 두었다가 한 번에 터뜨리는 경향이 있다. 문제는, 쌓아 두었던 것을 장황하게 늘어놓는 경향이 있다. 외향난초 기질은 그때그때 풀지 않고 꿍하게 마음에 두고 있는 것을 좋아하지 않는다.

다음은 내향매화 기질이 자기 인생과 잘 어울린다고 생각하는 노래이다. 제목과 가사를 보면 내향매화 기질이 어떤 사람인지 이해하는 데 도움이 될 것이다.

♫ **학교 종이 땡땡땡**: 학교 종이 땡땡땡 어서 모이자 선생님이 우리를 기다리신다

♫ **새마을 노래**: 새벽종이 울렸네 새아침이 밝았네 너도나도 일어나 새마을을 가꾸세 살기 좋은 내 마을 우리 힘으로 만드세

♫ **옹달샘**: 깊은 산속 옹달샘 누가 와서 먹나요 새벽에 토끼가 눈 비비고 일어나

♫ **나란히**: 나란히 나란히 나란히 밥상 위에 젓가락이 나란히 나란히 나란히

♫ **재능교육**: 자기의 일은 스스로 하자

♫ **칠갑산**: 콩밭 매는 아낙네야 베적삼이 흠뻑 젖는다 무슨 설움 그리 많아 포기마다 눈물 심누나

♫ **사노라면**: 사노라면 언젠가는 밝은 날도 오겠지 흐린 날도 날이 새면 해가 뜨지 않더냐

♫ **어느 60대 노부부의 이야기**: 곱고 희던 그 손으로 회사생활 시작하던 때 어렴풋이 생각나오 여보 그때를 기억하오

♫ **당신은 모르실 거야**: 당신은 모르실 거야 얼마나 사랑했는지 세월이 흘러가면은 그때서 뉘우칠 거야

♫ **바램**: 매일 해결해야 하는 일 때문에 내 시간도 없이 살다가 평생 바쁘게 걸어 왔으니 다리도 아픕니다

♫ **개똥벌레**: 아무리 우겨 봐도 어쩔 수 없네 저기 개똥 무덤이 내 집인걸

♫ **갯바위**: 세찬 비바람에 내 몸이 패이고 이는 파도에 내 뜻이

부서져도

🎵 **자전거**: 따르르르릉 저기 가는 저 사람 조심하셔요 어물어물

하다가는 큰일 납니다

🎵 **꼬마 인형**: 부서지는 모래성을 쌓으며 또 쌓으며 꼬마 인형을

가슴에 안고 나는 기다릴래요

내향매화 기질은 부지런하게 살지만 인정받지 못해 서러워하는 삶을 노래한다. 내향매화 기질의 노래는 당장은 사람들이 몰라주지만, 끝까지 참고 인내하면 좋은 결과가 있을 것이라는 희망을 표현한다. 그래서 다음에 누군가 자기 노력을 알아줄 것을 기대하고 열심히 산다.

하지만 기대와는 달리 아무도 몰라주면 인생의 한이 된다. 내향매화 기질은 누군가 자기 노력을 알아줄 것을 기다릴 것이 아니라, 스스로 재미있게 사는 법을 배워야 한다. 주변에서 내향매화 기질이 재미있게 살 수 있도록 같이 놀아주면 균형 잡힌 삶을 사는 데 도움이 된다.

2

즐기는 인생으로 통한다

　난초 기질은 즐기는 인생으로 통한다. 이들은 인생을 재미있게 산다. 무엇을 하든지 재미가 있어야 하고 흥이 나야 한다. 외향난초 기질은 즐거움을 주는 모임을 찾아다닌다. 그래서 여가 활동이 많고 밤이 화려하고 바쁘다. 가야 할 곳이 많고 부르는 곳도 많다. 반면, 내향난초 기질은 어느 누구도 자신을 구속하지 않는 자유로운 환경에서 오는 편안함을 추구한다. 다음은 난초 기질 그룹이 자신의 성격을 잘 표현하는 별칭, 격언이나 속담, 행동 특성, 노래로 표현한 것들로 난초 기질이 어떤 사람인지 이해하는 데 도움이 된다.

외향난초 기질은 이런 사람이야!

➡ 다음은 외향난초 기질의 그룹에서 많이 나온 조 이름이다.

생각대로 난초, 사귀자, 앗싸, 불티, 잡초, 최고조, 희희낙락, 불새, 화통, 오픈 마인드, 주사위, 즐거운 인생, 멋진 놈, 베짱이, 자유로운 영혼, 인생 한방, Don't Worry Be Happy, 스마일, 웃찾사, 폼생폼사, 카르페 디엠, 스타, 멋져버려, 인생 뭐 있어

다음은 외향난초 기질의 그룹에서 많이 나온 장점이다.

- 주어진 삶을 최대한 재미있고 즐겁게 산다.
- 정열적이다.
- 스포츠를 좋아한다.
- 짧은 시간에 효과적으로 일하고 휴식 시간을 확보한다.
- 생동감 넘치는 분위기를 만든다.
- 누구와도 잘 어울리고 친구가 될 수 있다.
- 최신 유행을 잘 따르는 멋쟁이들이다.
- 파티, 음식, 춤, 사교를 즐길 줄 안다.
- 책상에 앉아 고민하기보다 행동으로 문제를 해결한다.
- 어디를 가든 아는 사람들이 있으며 넓은 인맥을 가지고 있다.
- 분쟁을 잘 조정하는 협상가이다.
- 어떤 상황에서도 문제를 낙천적이고 긍정적으로 바라본다.

- 마감일이 되어도 스트레스를 덜 받는다.
- 다양한 친구가 많다.
- 갑작스러운 일이 생겨도 도리어 흥미롭고 스트레스 덜 받는다.
- 인생을 하나의 게임으로 받아들이고 즐긴다.
- 포기할 것과 취할 것을 빨리 분별하고 결정한다.
- 복잡한 이론보다는 단순하게 실행한다.
- 어떠한 상황에서도 긍정적인 생각을 가진다.
- 기꺼이 위험을 감수하고 도전한다.

외향난초 기질을 가진 사람들이 말하는 장점을 보면 인생을 즐기고, 정열적이고, 사교적이고, 멋을 알고, 행동력이 있고, 인맥이 넓고, 타협적이고, 낙천적이고, 긍정적인 특성을 보인다. 반면, 결정을 내릴 때 심사숙고하지 않아 중요한 일에 실수하기 쉽고, 여러 가지 위험 요소들을 충분히 고려하지 않아 조직에 손해를 끼칠 위험이 있다. 예를 들면, 내향매화 기질을 가진 사람들은 뭔가 결정 내리기 전에 장단점을 충분히 고려하고, 가능하면 더 저렴하고 실용적인 것을 선택하려고 여러 정보를 검토한다. 반면, 외향난초 기질은 충동적으로 결정하는 경향이 있다.

외향난초 기질은 내향매화 팀원에게 재미있게 일하는 데 도움을 줄 수 있다. 심각하게 일하는 내향매화 기질에게 활기차고 재미있는 분위기에서 일할 수 있도록 도와준다. 외향난초 기질 한 사람 때문에 팀에 웃을 일이 많아지는 것은 분명하다. 그들의 유머 감각은 어느 곳에 있든지 약방의 감초 같은 역할을 한다.

외향난초 기질이 선호하는 격언, 속담을 정리해 보았다. 다음의 격언들을 보면 외향난초 기질은 일단 시작하기, 즐거운 인생, 이왕이면 폼 나게, 활동하는 것, 여행, 맛있는 음식 등을 중요하게 생각한다는 것을 알 수 있다.

- 금강산도 식후경
- 꿩 먹고 알 먹고
- 낙장불입(落張不入, 한번 내어놓은 패는 물리기 위하여 다시 집어들이지 못함)
- 내가 있는 곳이 낙원이다.
- 내일 걱정은 내일에 족하다.
- 다닐 수 있을 때 떠나라.
- 도랑 치고 가재 잡고
- 두드려라 그러면 열릴 것이다.
- 먹고 죽은 귀신은 때깔도 좋다.
- 모로 가도 서울만 가면 된다.
- 번갯불에 콩 볶아 먹는다.
- 보기 좋은 떡이 먹기도 좋다.
- 산 입에 거미줄 치랴?
- 생긴 대로 살자.

- 쇠뿔도 단김에 빼라.
- 세월은 피부를 주름지게 하지만, 열정을 포기하는 것은 영혼을 주름지게 한다.
- 속전속결
- 시작이 반이다.
- 외상이면 소도 잡아먹는다.
- 웃으면 복이 와요.
- 인생은 행동하는 자의 것이다.
- 인생 한 번 살지 두 번 사나?
- 일소일소일노일노
- 작심삼일
- 전화위복
- 즐길 수 있을 때 즐기자.
- 팔방미인
- 평안감사도 제 싫으면 그만이다.
- 폼생폼사
- 하늘이 무너져도 솟아날 구멍이 있다.
- 해도 후회하고 안 해도 후회한다면 해보고 후회하겠다.
- 현재를 즐겨라.

　　인생은 재미있게 살기에도 짧은 것이라고 강조하는 사람은 아마도 외향난초 기질일 가능성이 높다. 그 예로, 몇 년 전에 유행했던 어느 카드회사 광고 노래를 소개하겠다. '아버지는 말하셨지 인생을 즐겨라. 웃으면서 사는 인생 자, 시작이다. (중간 생략) 웃으면서 살기에도 인생은 짧다.'

　외향난초 기질은 자기가 하는 일에 재미가 없으면 의욕이 급격히 저하된다. 그래서 이들은 즐겁게 사는 것도 다리에 힘이 있을 때 가능하다고 생각한다. 난초 기질은 자유로운 영혼이며 긍정적이고 낙천적이다. 외향난초는 밖에서 많은 사람과 함께 즐기지만, 내향난초는 다른 사람에게 방해받지 않는 것을 즐긴다. 외향난초는 친구, 가족, 동문, 직장 등에서 많은 모임으로 밤이 바쁘다. 반면, 내향난초는 바람 따라 구름 따라 흘러가는 인생을 즐긴다. 언제 입질할지 모르는 낚싯대를 드려놓고 기다리는 강태공처럼 세월을 낚는다. 과하지 않고 덜하지 않은 자연의 순리에 따르는 것을 좋아한다.

　위에 나온 격언에서 알 수 있듯이 외향난초 기질은 화끈한 인생을 추구한다. 외향난초 기질에게 내향매화 기질은 쓸데없는 걱정을 사서 하는 것으로 보인다. 외향난초가 보는 내향매화 기질은 빨리빨리 실행하지 못하고 머뭇거리는 소심한 사람이다. 하지만 내향매화 기질에게 외향난초 기질은 기준이 없고 이랬다저랬다 변덕 심한 사람이다. 외향난초 기질은 복잡하게 일하는 것을 싫어한다. 단순하게 생각하고 과감하게 실행한다. 외향난초는 이것저것 복잡하게 따지면 욱한다. 그러고는 잠시 후 언제 그랬느냐는 듯 밝은 얼굴로 대한다.

　반면, 내향매화는 한 번 화가 나면 기분이 며칠 간다. 낙천적인 외향난초 기질은 나쁜 기분을 오래 간직하지 않는다. 그래서 오히려 기분을 빨리 풀지 않는 팀원을 속 좁은 사람으로 취급한다.

그렇다면 외향난초 기질은 반대 기질인 내향매화 기질을 어떻게 대해야 할까? 내향매화 기질은 한 번에 한 가지 일을 한다. 한 번에 여러 가지 업무를 주면 스트레스를 많이 받는다. 일의 우선순위를 정하여 한 번에 한 가지씩 주면 효율적으로 처리할 수 있다. 내향매화와 일을 할 때 자신이 놓치고 있는 것이 무엇인지 먼저 물어보도록 하라. 그러면 내향매화는 외향난초가 전혀 생각하지 못했던 여러 가지 정보들을 알려줄 것이다.

다음은 외향난초 기질이 자신의 인생과 잘 어울린다고 생각하는 노래이다. 제목과 가사를 보면 외향난초 기질이 어떤 사람인지 이해하는 데 도움이 된다.

♬ Festival: 이제는 웃는 거야 Smile again
♬ **도시탈출**: 떠나요 푸른 바다로 복잡한 이 도시를 탈출해봐요
♬ **노세 노세**: 노세 노세 젊어서 놀아 늙어지면은 못 노나니
♬ **DOC와 춤을**: 춤을 추고 싶을 때는 춤을 춰요 할아버지 할머니도 춤을 춰요
♬ **여행을 떠나요**: 푸른 언덕에 배낭을 메고 황금빛 태양 축제를 여는 광야를 향해서 계곡을 향해서
♬ **해변으로 가요**: 별이 쏟아지는 해변으로 가요 해변으로 가요

♬ **뽀로로**: 노는 게 제일 좋아 친구들 모여라

♬ **강남스타일**: 밤이 오면 심장이 뜨거워지는 여자 그런 반전 있는 여자

♬ **나는 나비**: 날개를 활짝 펴고 세상을 자유롭게 날 거야 노래하며 춤추는 나는 아름다운 나비

♬ **잘 살 거야**: 잘 사는 날이 올 거야 포기는 하지 말아요

♬ **태클을 걸지 마**: 어떻게 살았냐고 묻지를 마라 이리저리 살았을 거라 착각도 마라

♬ **내 나이가 어때서**: 세월아 비켜라 내 나이가 어때서 사랑하기 딱 좋은 나이인데

♬ **챔피언**: 아아 진정 즐길 줄 아는 여러분들이 이 나라의 챔피언입니다 소리 지르는 네가 음악에 미치는 네가 인생 즐기는 네가 챔피언

♬ **내 생애 봄날은 간다**: 비겁하다 욕하지 마 더러운 뒷골목을 헤매고 다녀도

♬ **본능적으로**: 본능적으로 느껴졌어 넌 나의 사람이 된다는 걸

♬ **얼굴 찌푸리지 말아요**: 혼자라고 느껴질 때면 주위를 둘러보세요 이렇게 많은 이들 모두가 나의 친구랍니다.

외향난초 기질은 인생을 재미있게 사는 것을 강조한다. 이들은 한 번 사는 인생 제대로 누리며 살려고 한다. 즐기며 살려는 외향난초 기질에게 이래라저래라 하면 좋아할 수 없다. 이들은 일을 하더라도

재미있게 하고 싶은 사람들이다. 재미있게 일 할 수 있는데 잔소리하면서 괴롭히는 사람과는 일할 맛이 나지 않는다고 한다. 외향난초 기질은 일을 맛으로 느끼는 기질이다.

내향난초 기질은 이런 사람이야!
➡ 다음은 내향난초 기질의 그룹에서 많이 나온 조 이름이다.

다빈치, 룰루랄라, 낭만 고양이, 두리뭉실, 인생 뭐 있어, 만능 가제트, 김삿갓, 묻지 마, 고요한 평화, 프리스타일, 다재소능, 은은한 향, 유유자적, 유유상종, 속전속결, 구름에 달 가듯, 박쥐인간, 행복추구, No touch, 흐르는 강물처럼, 그렇지 뭐

다음은 내향난초 기질의 그룹에서 많이 나온 장점이다.

- 최소한의 감독으로 자신이 원하는 방향으로 조직을 이끌어 간다.
- 말수가 적어 말로 인한 실수가 적다.
- 자연과 풍류를 즐길 줄 안다.
- 자연 친화적이고 물 흐르듯 살아간다.
- 미래를 걱정하지 않고 현재를 즐긴다.
- 음악, 미술, 조각 등 순수예술 분야에 재능이 있다.
- 색, 선, 촉감, 향기, 맛에 예민하다.

- 타인을 있는 그대로 바라보고 수용한다.
- 다른 사람에게 부탁하지 않고 스스로 해결한다.
- 팀원들이 즐겁게 일하도록 이끈다.
- 간단명료하게 설명한다.
- 돌발 상황에 당황하지 않고 침착하게 대응한다.
- 혼자서 잘 논다.
- 자유로운 분위기에서 일할 수 있도록 배려한다.
- 규율이 많은 환경은 답답하지만, 그래도 그곳에 잘 적응한다.
- 팀원들과 격의 없이 지낸다.

내향난초 기질이 말하는 장점들을 보면 자발적이고, 예술적 재능이 있고, 쉽고 편한 것을 추구하고, 효율적이고, 자유롭고, 융통성이 뛰어난 특성을 보여 부드럽고 모나지 않은 유연한 리더십을 발휘한다. 하지만, 결과물을 기한 내에 완료해야 하는 상황에서 압박을 받으면 팀원들을 재촉해야 하는 상황이 된다. 그래서 자신이 닦달 해야 하는 상황이 발생할 수 있다.

내향난초 기질들이 위에서 압박을 받고 팀원들에게 강압적인 요구를 해야 하는 상황이 반복되면 한가하게 보이는 옆길을 자연스럽게 기웃거리게 된다. 그래서 외향매화, 외향대나무 팀원들은 지금 돌파해야 할 상황에 집중하지 않는 내향난초 기질을 이해하지 못하고 불만을 토로할 수 있다. 이런 일이 반복되면 내향난초 기질은 자신의 속마음을 잘 표현하지 않기 때문에 깊은 상처를 간직하고 어느 날

소리 없이 사라질 수 있다.

내향난초 기질은 하기 싫어도 조직의 성과 창출을 위해 팀원들과 목표를 정량화하고 마감 시간을 공개적으로 공표해야 한다. 그래서 진행 과정 중에 체크해야 할 횟수를 정하고 문제점이 생겼을 때 공론화하는 장을 적극적으로 만들어야 한다. 외향매화, 외향대나무 기질은 전체적인 큰 그림을 가지고 명확하게 의사소통하는 것을 좋아한다.

내향난초 기질은 팀원들이 마음에 들지 않을 때 망설이지 않고 말할 필요가 있다. 다른 사람들은 내향난초가 좀 더 적극적으로 의사소통하기를 기대하고 있다. 외향매화, 외향대나무 기질은 내향난초 기질이 생각하는 것보다 훨씬 더 강하고 심지가 곧은 사람들이다. 내향난초 기질의 말에 상처를 받지도 않을뿐더러 설령 받았다 하더라도 일에 지장이 생기도록 담아 두지 않는다. 그들은 스스로 정화시키는 능력이 탁월한 사람들이다.

다음은 내향난초 기질이 선호하는 격언, 속담을 정리해 보았다. 다음의 격언을 보면 내향난초 기질은 여유로움, 느긋함, 미소, 관망, 낙천적, 긍정적, 유유자적, 있는 그대로, 자연스러움 등을 중요하게 생각한다는 것을 알 수 있다.

- Que Sera Sera(될 대로 되라. 어떻게든 되겠지.)
- 가장 행복한 사람은 특별한 이유 없이 삶을 즐길 줄 아는 사람이다.

- 강 건너 불구경하듯 한다.

- 구렁이 담 넘어가듯

- 구름에 달 가듯

- 귀에 걸면 귀걸이 코에 걸면 코걸이

- 긁어 부스럼 만들지 않는다.

- 나는 나, 너는 너

- 내일은 내일의 태양이 뜬다.

- 노세 노세 젊어서 노세

- 누워서 떡 먹기

- 모로 가도 서울만 가면 된다.

- 산은 산이요. 물은 물이로다.

- 세월이 좀먹나!

- 시간이 약이다.

- 식은 죽 먹기다.

- 안빈낙도

- 얌전한 고양이 부뚜막에 먼저 올라간다.

- 어부지리

- 엎어진 김에 쉬었다 간다.

- 왜 사냐면 웃지요.

- 유유자적

- 이왕이면 다홍치마

- 인생무상

- 인생은 짧고 예술은 길다.

- 일석이조

- 일찍 일어나는 새가 더 피곤하다.

- 재미있게 일하자.

- 좋은 게 좋은 거

- 즐길 수 없으면 피해라.

- 지렁이도 밟으면 꿈틀댄다.

- 하늘이 무너져도 솟아날 구멍이 있다.

- 현재를 즐겨라.

- 흐르는 강물처럼

속세에 얽히지 않고 유유자적한 삶을 추구하는 사람은 아마도 내향난초 기질을 가진 사람일 것이다. 내향난초 기질은 사람들 앞에 나서기보다 자연 속에서 한가로이 살고 싶어 한다. 이들의 모습은 〈나는 자연인이다〉와 같은 TV 프로그램에 혼자 산에 살면서 약초 캐고 텃밭 가꾸며 사는 사람들의 모습이다.

외향난초는 사람들이 많은 도시적인 환경을 좋아하지만, 내향난초는 전원적인 삶을 좋아한다. 내향난초는 특별한 경우가 아니면 조직 경쟁체제에서 승진의 압박을 받으면 그 조직에서 견디려고 하지 않는다. 내향난초 기질은 사람들이 알아서 자신의 역할을 잘 해 주길 기대한다. 최종 결재를 제외한 대부분의 일은 참모에게 위임한다. 내향난초 기질과 같이 일하는 사람들은 자유롭고 편안한 분위기에서 일할 수 있다.

위의 격언에서 알 수 있듯이 내향난초 기질은 인위적이지 않고 흘러가는 대로 자연스럽게 가는 인생을 추구한다. 내향난초 기질을 가진 사람은 목소리 크고 잘난 척하고 나대는 사람을 싫어한다. 그래서 이들은 사람이 가진 8가지 기질 중에 자기주장이 강하고 목소리가 큰 외향매화, 외향대나무 기질을 부담스러워 한다. 하지만, 외향매화 눈에 내향난초 기질은 목표가 없어 보인다. 내향난초 기질 눈에 외향매화, 외향대나무는 내향난초에게 존경심을 보이지 않고 도리어 무시하는 것 같아 보인다. 반대로 외향매화와 외향대나무 눈에 내향난초 기질은 꿈과 비전이 없고 의지가 박약한 사람으로 보일 것이다.

내향난초 기질은 반대 기질인 외향매화와 부담스러운 외향대나무 기질을 어떻게 대해야 할까? 내향난초 기질은 최소한의 관여를 하고 충분한 자유를 주고 싶겠지만, 그것이 외향매화, 외향대나무 눈에는 리더십이 없는 것으로 생각될 수 있다. 이들 기질에 맞게 좀 더 적극적으로 지시하고 체크한 후 전체적인 그림을 그리거나 육하원칙에 따라 분석하고 일의 진행을 검토하는 것이 좋다. 또, 책망할 일이 있으면 뒤로 미루지 말고 바로 수정할 사항을 알려 주어야 한다.

다음은 내향난초 기질이 자신의 인생과 잘 어울린다고 생각하는 노래이다. 제목과 가사를 보면 내향난초 기질이 어떤 사람인지 이해하는 데 도움이 된다.

♬ **그것만이 내 세상**: 세상을 너무나 모른다고 나보고 그대는 얘기하지 조금은 걱정된 눈빛으로 조금은 미안한 웃음으로

♬ **피곤해**: 곤히 잠든 나를 깨우는 엄마 보채지 좀 마 I just wanna sleep now

♬ **청산별곡**: 살어리 살어리랏다 청산에 살어리랏다

♬ **Let it be**: Speaking words of wisdom let it be Let it be let it be Let it be let it be

♬ **빙글빙글**: 그저 바라만 보고 있지 그저 눈치만 보고 있지

♬ **어머나**: 어머나 어머나 이러지 마세요 여자의 마음은 갈대랍니다 안 돼요 왜 이래요 묻지 말아요

♬ **한잔의 추억**: 늦은 밤 쓸쓸히 창가에 앉아 꺼져 가는 불빛을 바라보면은 어데선가 날 부르는 소리가 들려

♬ **도시탈출**: 떠나요 푸른 바다로 복잡한 이 도시를 탈출해 봐

♬ **황진이**: 내일이면 간다 너를 두고 간다 황진이 너를 두고 이제 떠나면 언제 또 올까

♬ **자옥아**: 내 곁을 떠나간 그 사람 이름은 자옥 자옥 자옥이였어요 그 사람 어깨에 날개가 있어 멀리멀리 날아갔어요

♬ **직감**: 네가 날 떠날 거란 직감이 와 자꾸만 이런저런 핑계들만

♬ **낭만 고양이**: 슬픈 도시를 비춰 춤추는 작은 별빛 나는 낭만 고양이 홀로 떠나가 버린 깊고 슬픈 나의 바다여

♪ **둘리**: 요리보고 저리 봐도 음음 알 수 없는 둘리 둘리 외로운 둘리는 귀여운 아기공룡

♪ **귀거래사**: 하늘 아래 땅이 있고 그 위에 내가 있으니 어디인들 이 내 몸 둘 곳이야 없으리

♪ **고래사냥**: 무엇을 할 것인가 둘러보아도 보이는 건 모두가 돌아앉았네

♪ **사노라면**: 사노라면 언젠가는 밝은 날도 오겠지 흐린 날도 날이 새면 해가 뜨지 않더냐

♪ **혼자서도 잘해요**: 꺼야 꺼야 할 꺼야 혼자서도 잘할 거야 예쁜 짓 고운 짓 혼자서도 잘할 꺼야

내향난초 기질은 자연 속에서 조용히 사는 삶, 구속 받는 않는 삶, 떠나가는 사람을 잡지 못하는 아쉬움, 언젠가 형편이 풀릴 것이라는 희망을 노래한다. 그래서 이들이 좋아하는 노래를 보면 속세에서 벗어나 자연과 더불어 살고 싶은 마음이 잘 드러나 있다. 이런 내향난초 기질에게 자유가 없는 구속은 숨 막히는 것이다.

3

배려하는 마음으로 통한다

국화 기질은 배려심이 깊다. 그래서 이들은 다른 사람과의 관계를 가장 중요하게 생각한다. 외향국화 기질은 다양한 사람들과 의미 있는 관계를 맺으려 하기 때문에 열정적으로 새로운 관계를 만들어 간다. 반면, 내향국화 기질은 일대일의 관계를 선호한다. 그래서 소수의 사람들과 깊이 있는 관계를 추구하며 조용히 자기의 따뜻함을 표현한다.

다음은 국화 기질 그룹이 자기 성격을 표현하는 별칭, 격언, 속담, 행동 특성, 노래로 표현한 것이다. 이것을 보면 국화 기질이 어떤 사람인지 이해하는 데 도움이 될 것이다.

외향국화 기질은 이런 사람이야!

➡ **다음은 외향국화 기질의 그룹에서 많이 사용한 조 이름이다.**

같은 마음, 한마음, 상상의 나래, 지금 만나러 갑니다, 빼어나고 싶은 국화, 갈매기의 꿈, 무지개, 스마일, 눈물 꼭지, 이상주의자, 피스메이커, 캔디, 화산, 열정, 어린 왕자, 가을 향기, 참 좋은 사람, 인생은 아름다워, 화합, 무한도전, 태양, 바이올렛, 절대 공감, 더불어 숲, 구름, 국화차, 통감, 온돌방, 천사들의 합창

다음은 외향국화 기질의 그룹에서 많이 나온 장점이다.

- 감성이 풍부하고 공감을 잘한다.
- 권위를 내세우지 않으며 격의 없다.
- 기존의 것이 아직 마무리되지 않아도 새로운 것을 부담 없이 시작할 수 있다.
- 남의 고민을 잘 들어 준다.
- 넉넉함과 베풂이 있다.
- 내기 게임을 싫어한다.
- 다른 사람과 잘 어울리고 새로운 인간관계를 잘 개발한다.
- 많은 사람에게 열정을 불러일으킨다.
- 뭐든지 하면 잘할 것 같고, 하고 싶은 일이 생기면 그것만 생각난다.
- 모든 사람에게 친절하게 대하고 감사 표현을 잘한다.

- 민주적으로 조직을 운영한다.
- 방향성을 제시하는 것을 좋아하지만, 뒤처리는 파트너가 해 주길 기대한다.
- 상대방이 느낄 수 있게 사랑을 표현한다.
- 소외된 사람들에게 관심이 많으며 잘 도와준다.
- 시들지 않는 꿈을 꾸는 청춘이다.
- 신뢰성과 관계성에 의미 부여를 많이 한다.
- 여행을 통해 얻은 것을 돈보다 더 가치 있게 느낀다.
- 주변의 사건에 연루된 경우가 많다.
- 잘 웃으며 다른 사람을 편하게 대한다.
- 잠재된 재능을 잘 끌어내고 자신감을 불러일으킨다.
- 지나치게 사람 중심적이다.
- 적재적소에 필요한 사람들을 잘 끌어온다.
- 전혀 계획에 없었던 일들도 직관적인 아이디어로 순식간에 만들어 낼 수 있다.
- 화술이 뛰어나고 말로 자기 생각을 잘 표현한다.
- 호기심이 많다.

외향국화 기질의 장점을 보면 열정적이고, 감성적이고, 칭찬을 잘하고, 동기부여를 잘하며, 친절하고, 표현을 잘하고, 민주적인 특성을 보인다. 그래서 팀원들과 친근하고 조화로운 관계를 통해 일하기 좋아한다. 만일, 업무와 상관없이 외향국화 기질이 개인적인 친분 관계를 형성하려는 의도를 강하게 표출하면 반대 기질인 내향대나무 기질은 노골적으로 싫은 기색을 나타낼 것이다. 대부분의 내향이 그렇듯이 내향대나무 기질은 혼자 조용히 집중해서 일하기 좋아하기 때문에 외향국화 기질의 오지랖이 그리 달갑지 않을 것이다. 내향대나무 기질은 많은 말이 필요한 것이 아니라, 정확하고 명확한 논리적 근거와 자료들이 필요하고 그것을 분석하고 연구할 시간이 필요하다. 내향대나무 기질의 냉정한 반응에 도리어 외향국화 기질이 상처를 받아 풀이 죽을 수 있다.

다음은 외향국화 기질이 선호하는 격언, 속담을 정리해 보았다. 이런 격언을 보면, 외향국화 기질은 사람에 대한 희망, 말의 중요성, 함께하는 것, 사랑, 믿음을 중요하게 생각한다는 것을 알 수 있다.

- We are the world.
- 가지 많은 나무 바람 잘 날 없다.
- 꿈은 이루어진다.
- 나는 보석보다는 인격이 아름다움으로 장식되고 싶다.
- 나보다 소중한 너
- 내일 지구가 멸망해도 오늘은 한 그루의 사과나무를 심겠다.
- 당신은 내게 최고의 선물입니다.
- 더불어 사는 숲
- 말도 아름다운 꽃처럼 그 색깔을 지니고 있다.

- 말 한마디에 천 냥 빚 갚는다.

- 모두가 사랑이에요.

- 백지장도 맞들면 낫다.

- 사람만이 희망이다.

- 사람은 자기를 알아주는 사람을 위해서 죽는다.

- 사람이 꽃보다 아름답다.

- 사람이 재산이다.

- 사랑은 마주 보는 것이 아니라 같은 곳을 바라보는 것이다.

- 사랑합니다. 고맙습니다. 감사합니다.

- 십시일반

- 웃는 낯에 침 뱉으랴.

- 인생은 만남의 연속이다.

- 지성이면 감천(至诚能感天)

- 진인사대천명

- 처음처럼

- 칭찬은 고래도 춤추게 한다.

- 콩 한 쪽도 나눠 먹는다.

- 하늘은 스스로 돕는 자를 돕는다.

- 한곳에서 꽃을 피우는 것보다 여려 꽃과 어울려 향기를 내자.

- 한 사람의 열 발자국보다 열 사람의 한 발자국을….

- 혼자 가면 빨리 가고 함께 가면 멀리 간다.

- 호형호제

'칭찬은 고래도 춤추게 한다'는 말을 즐겨 사용하는 사람은 외향국화 기질일 가능성이 높다. 외향국화 기질은 타인의 성장을 위해 칭찬을 적극적으로 한다. 비판적인 말을 많이 하는 사람을 싫어하며, 부정적인 사람을 좋아하지 않는다. 사람을 볼 때 그 사람의 성장 가능성에 관심을 가지며 좋은 면을 보려고 한다.

위의 격언에서 알 수 있듯이 외향국화 기질은 긍정적인 말, 사람을 살리는 말, 감사의 말을 좋아하고, 비난, 무시, 상처, 부정적인 말을 하는 사람은 싫어한다.

외향국화와 반대 기질인 내향대나무 기질은 감사의 말보다 비판적인 말, 동의하는 말보다는 원리 원칙적인 말을 잘한다. 외향국화 기질 눈에 내향대나무 기질은 냉정하고 인간미 없는 사람으로 보일 것이다.

반대로 내향대나무에게 외향국화 기질은 출처도 없고 근거도 없는 잡다한 말로 사람을 현혹시키려 드는 무지한 사람으로 보이거나, 공·사를 구분하지 못하고 타인을 정서적으로 침범하는 사람으로 보일 것이다. 그러면 외향국화 기질은 반대 기질인 내향대나무 기질을 어떻게 대해야 하는가?

내향대나무는 기승전결이 논리적이어야 한다. 어떤 일을 시작하려면 먼저 이 일을 왜 해야 하는지 명확한 논지가 있어야 한다. 이유를 설명하지 못한다면 시작하기도 전에 내향대나무의 반대에 직면하게 될 것이다.

내향대나무를 협조적인 조력자로 만들려면 타당한 근거를 제시해야 한다. 그리고 그들을 설득하려는 것보다 그들에게 조언을 구하는 것이 더 효과적이다. 예를 들어, 어떤 일을 하고자 하는데 어떻게 하면 좋을지 아이디어를 달라고 요청해 보라. 그러면 내향대나무 기질이 반대하기보다 어떻게 해야 그 일을 성공적으로 할 수 있는지 자기 아이디어를 친절하게 설명해 줄 것이다.

다음은 외향국화 기질이 자기 인생과 잘 어울린다고 생각하는 노래이다. 제목과 가사를 보면 외향국화 기질이 어떤 사람인지 이해하는 데 도움이 된다.

♬ **열정**: 사랑하고 싶어서 사랑받고 싶어서 만나서 차 마시는 그런 사랑 아니야

♬ **당신은 사랑받기 위해 태어난 사람**: 당신은 사랑받기 위해 태어난 사람 당신의 삶 속에서 그 사랑 받고 있지요

♬ **모두 다 사랑하리**: 타오르는 태양도 날아가는 저 새도 모두 다 사랑하리

♬ **널 사랑하겠어**: 널 사랑하겠어 언제까지나 널 사랑하겠어 지금 이 순간처럼

♬ **그대 내게 행복을 주는 사람**: 내가 가는 길이 험하고 멀지라도 그대 함께 간다면 좋겠네

♬ **행복한 사람**: 울고 있나요 당신은 울고 있나요 아아~ 그러나

당신은 행복한 사람

♫ **하늘을 달리다**: 귓가에 울리는 그대의 뜨거운 목소리 그게 나의 구원이었어 나 그대에게 안길 수만 있으면 내 몸 부서진대도 좋아

♫ **둥글게 둥글게**: 둥글게 둥글게 둥글게 둥글게 … (이하 생략)

♫ **We Are the World**: We are the world we are the children We are the …

♫ **손에 손잡고**: 손에 손잡고 벽을 넘어서 우리 사는 세상 더욱 살기 좋도록 손에 손잡고 벽을 넘어서 서로서로 사랑하는 한마음 되자

♫ **나에게 쓰는 편지**: 나 잃어버린 나를 만나고 싶어 모두 잠든 후에 나에게 편지를 쓰네

♫ **만남**: 우리 만남은 우연이 아니야 그것은 우리의 바램이었어 돌아보지 마라 후회하지 마라

♫ **인형의 꿈**: 한 걸음 뒤엔 항상 내가 있었는데 그댄 영원히 내 모습 볼 수 없나요

♫ **길**: 내가 가는 이 길이 어디로 가는지 어디로 날 데려가는지 그곳은 어딘지 알 수 없지만

♫ **사람이 꽃보다 아름다워**: 누가 뭐래도 사람이 꽃보다 아름다워 이 모든 외로움 이겨낸 바로 그 사람 누가 뭐래도 그대는 꽃보다 아름다워

♫ **가로수 그늘 아래 서면**: 라일락 꽃향기 맡으며 잊을 수 없는 기

억에 이렇게도 아름다운 이 세상 잊지 않으리 내가 사랑한 얘기

외향국화 기질은 진정으로 사랑하는 삶, 인류를 사랑하는 삶, 의미 있는 삶, 사랑을 갈망하는 삶, 사람 중심적인 삶을 노래한다. 외향국화 기질의 노래 중심에 사람과 사랑이 있다. 사람 중심적인 외향국화 기질에게 일 우선적인 태도로 대하는 것은 그들을 실망시키는 일이다. 의사결정에 사람이 중심이 되어야 하고 그 동기는 사랑이어야 한다.

내향국화 기질은 이런 사람이야!
➡ **다음은 내향국화 기질의 그룹에서 많이 사용한 조 이름이다.**

국화 옆에서, 몽상가, 구름 위의 국화, 가을 신선 강 국화, 괜찮아 잘 될 거야, 피터팬, 꿈꾸는 밀알, 국화차, 레인보우, 니들이 인생을 알아, 들국화, 그림자, 가을 여자, 꿈과 희망을 주는 사람, 카멜레온, 국화 향기, 향기로운 세상, 촛불, 한마음, 우주, 형님 먼저, 촛불, 지킬박사와 하이드, 따뜻한 사람

다음은 내향국화 기질 그룹에서 많이 나온 장점이다.

- 남의 말을 잘 들어준다.
- 낭만과 운치를 즐길 줄 안다.
- 눈치를 많이 본다.
- 내적 욕구를 민감하게 감지한다.
- 누구나 자기 의견을 낼 수 있는 민주적인 조직을 만든다.
- 다른 사람들의 꿈을 끌어낸다.
- 따뜻하게 웃어 주며 격려와 칭찬을 잘한다.
- 베풀어야 마음이 편하다.
- 부드러운 심성과 온화함을 가지고 있다.
- 상대방의 표정을 통해 미묘한 심리적 상태를 예리하게 통찰할 수 있다.
- 술 없이도 분위기를 잘 맞춘다.
- 양보를 잘한다.
- 어려움을 겪고 있는 사람을 잘 위로한다.
- 온화한 어투로 말하고 존중해 준다.
- 인생의 가치에 대해 깊이 있게 고찰한다.
- 작은 일에도 의미와 가치를 잘 부여한다.
- 자기 내면을 잘 드러내지 않는다.
- 잘 공감한다.
- 조화로운 관계를 우선시한다.
- 최상의 잠재력을 개발하도록 뒤에서 잘 도와준다.
- 칭찬과 격려를 잘한다.

내향국화 기질이 말하는 장점에서 알 수 있듯이 이들은 배려심이 깊고, 공감을 잘하고, 친절하고, 부드럽고, 감정이 섬세하고, 겸손하고, 팀원들의 요구를 잘 맞추어 주는 특성을 보인다. 이들은 마치 삼국지에 나오는 '유비' 같이 온화하고 부드럽게 팀원들을 수용한다. 하지만, 내향국화 기질은 조직을 냉철하게 관리하는 부분에 심혈을 기울이지 않으면 좋은 성과를 기대하기는 어려울 것이다. 마음 착하고 온화한 리더 밑에서 일하는 팀원들이 알아서 일을 잘해주면 좋겠지만, 현실은 그렇지 않다는 것을 우리는 경험으로 잘 알고 있다.

내향국화 기질이 팀원들의 눈치를 살피는 일이 많아지면, 외향대나무 팀원은 관리 능력이 떨어지고 팀원들을 주도하지 못하는 리더로 받아들일 것이다. 뭔가 교통정리를 나서서 하지 않고 팀원들이 알아서 하기를 기다리는 리더에게 분노를 느낄 수도 있다. 팀을 맡을 능력이 되지 않으면 내려놓고 능력이 되는 사람에게 조직을 위해 양보하라는 말을 들을 수도 있다.

다음은 내향국화 기질이 선호하는 격언, 속담을 정리해 보았다. 이들이 선호하는 격언을 보면 내향국화 기질은 끝까지 배려하는 것, 생각이 많은 것, 사람을 중시하는 것, 마음을 알아주는 것, 상대방 관점에서 보는 것을 중요하게 생각한다는 것을 알 수 있다.

- 가는 말이 고와야 오는 말이 곱다.
- 가화만사성

- 관포지교

- 긍휼히 여기는 자는 복이 있나니 저희가 긍휼히 여김을 받을 것이요.

- 끝을 생각하며 시작하자.

- 남의 고기 한 점 먹고 내 고기 열 점 준다.

- 노심초사

- 눈치가 빠르면 절간에서도 새우젓을 얻어먹는다.

- 느린 소도 성낼 적이 있다.

- 말을 물가에 데려갈 수는 있으나 억지로 먹게 할 수는 없다.

- 말이 고마우면 비지 사러 갔다 두부 사 온다.

- 말하지 않아도 알아요.

- 말 한마디에 천 냥 빚 갚는다.

- 맑고 밝고 향기롭게

- 믿는 도끼에 발등 찍힌다.

- 곳간에서 인심 난다.

- 성공은 내면에서 시작한다.

- 소박한 것이 아름답다.

- 역지사지

- 열 길 물속은 알아도 한 길 사람 속은 모른다.

- 열정을 가지고 온 힘을 다하자.

- 외유내강

- 우물쭈물하다 내 이럴 줄 알았다네.

- 울며 겨자 먹기

- 이런들 어떠하며 저런들 어떠하리.
- 이심전심
- 인간은 생각하는 갈대다.
- 일체유심조(一切唯心造)
- 측은지심
- 할 수 있거든 모든 사람으로 더불어 화평하라.
- 호랑이가 물어가도 정신만 차리면 산다.
- 혼자 가는 열 걸음보다 열 사람이 같이 가는 한 걸음이 더 낫다.

'혼자 가는 열 걸음보다 열 사람이 함께 가는 한 걸음이 더 낫다'는 것을 강조하는 사람은 아마도 내향국화 기질을 가진 사람일 것이다. 내향국화 기질은 천천히 가더라도 같이 가는 것을 가치 있게 생각한다. 이들은 사람보다 목적을 중시하는 것을 아주 싫어한다. 최대한 함께하는 사람들을 사랑으로 감싸고 독려하여 함께 가려고 한다. 조직의 목표 달성에 도움이 되지 않는 사람이 있음에도 불구하고 그 사람에게 사직을 권고하는 것을 힘들어한다. 차라리 자신이 그만두는 것이 속이 편하겠다고 하소연한다.

격언에서 알 수 있듯이 내향국화 기질은 인생의 의미를 사람들에게서 찾으려고 한다. 이런 기질은 사람을 생각하지 않고 일 중심적으로 행동하는 사람을 싫어한다. 내향국화 기질은 일 중심적이고 저돌적으로 몰아붙이는 외향대나무, 외향매화 기질이 어려울 수 있다.

이 기질을 가진 사람은 빠른 성과를 창출해서 도움은 되지만 거칠고 사람을 배려하지 않는 언행으로 인해 다른 기질을 가진 사람은 상처를 받는다.

내향국화 기질 눈에 이들은 가장 가치 있고 중요한 것이 무엇인지 모르는 것 같이 보인다. 사람보다 성과를 우선시하는 것은 현재 잠시 만족할 수 있지만, 장기적으로는 잘못된 방식이라 생각한다. 내향국화 기질은 상처받은 다른 팀원들을 위로하고 뒷수습하느라 많은 에너지를 쓰게 된다. 반대로 외향대나무, 외향매화 기질은 내향국화 기질이 결정을 빨리 내리지 않고 추진력이 약하다 하여 답답함을 느낀다. 내향국화 기질은 반대 기질인 외향대나무 기질을 어떻게 대해야 하는가?

외향대나무 기질은 거시적인 안목에서 지시받는 것을 좋아한다. 그래서 '큰 그림'을 그리고 그 일을 왜 해야 하는지 알려주면 효과적이다. 그리고 말을 할 때 자신감 있게 표현해야 한다. 겸손한 내향국화 기질은 사람들에게 확신이 없는 어투로 설명하는 실수를 하기 쉽다. 그러니 관련 이론을 인용해서 전달하고자 하는 내용을 자신감 있게 표현해야 한다.

반대로 외향대나무 기질은 세세한 것까지 지시하는 것을 싫어한다. 큰 그림을 제시하고 해결 방법은 스스로 찾아오도록 과제를 주는 것이 효과적이다. 그리고 외향대나무 기질의 태도에 감정적으로 대응하지 말고 객관적인 자세를 유지해야 한다.

다음은 내향국화 기질이 자기 인생과 잘 어울린다고 생각하는 노래이다. 제목과 가사를 보면 내향국화 기질이 어떤 사람인지 이해하는 데 도움이 된다.

♬ **사랑으로**: 아아 영원히 변치 않을 우리들의 사랑으로 어두운 곳에 손을 내밀어 밝혀 주리라

♬ **손에 손잡고**: 손에 손잡고 벽을 넘어서 우리 사는 세상 더욱 살기 좋도록 손에 손잡고 벽을 넘어서 서로서로 사랑하는 한 마음 되자

♬ **가시나무**: 내 속엔 내가 너무도 많아 당신의 쉴 곳 없네 내 속엔 헛된 바램들로 당신의 편할 곳 없네

♬ **인생은 미완성**: 사람아 사람아 우린 모두 타향인 걸 외로운 가슴끼리 사슴처럼 기대고 살자

♬ **나는 나비**: 내 모습이 보이지 않아 앞길도 보이지 않아 나는 아주 작은 애벌레

♬ **소원**: 떠나지마 이 세상에서 가까이서 나를 지켜줘 이건 날 위한 게 아냐 용서할게 다시 내게로 돌아와 줘

♬ **애모**: 그대 가슴에 얼굴을 묻고 오늘은 울고 싶어라 그대 앞에만 서면 나는 왜 작아지는가

♬ **들꽃**: 돌 틈 사이 이름도 없는 들꽃처럼 핀다 해도 내 진정 그대를 위해서 살아가리라

♬ **거짓말**: 잘 가 (가지마) 행복해 (떠나지 마) 나를 잊어줘 잊고 살아

가 줘 (나를 잊지 마) 나는 (그래 나는) 괜찮아 (아프잖아) 내 걱정은 하지 말고 떠나가 (제발 가지마)

♫ **사랑했어요**: 사랑했어요 그땐 몰랐지만 이 마음 다 바쳐서 당신을 사랑했어요

♫ **나는 행복한 사람**: 그대 사랑하는 난 행복한 사람 잊혀질 땐 잊혀진대도

♫ **고목나무**: 저 산마루 깊은 밤 산새들도 잠들고 우뚝 선 고목이 달빛 아래 외롭네 옛사랑 간 곳 없다 올 리도 없지마는 만날 날 기다리며 오늘이 또 간다

♫ **해후**: 그대를 사랑하고도 가슴을 비워 놓고도 이별의 예감 때문에 노을진 우리의 만남

♫ **진달래꽃**: 나보기가 역겨워 가실 때에는 말없이 고이 보내 드리오리다

♫ **그런 사람 또 없습니다**: 천 번이고 다시 태어난 데도 그런 사람 또 없을 테죠 슬픈 내 삶을 따뜻하게 해준 참 고마운 사람입니다

♫ **사랑에 빠지고 싶다**: 내겐 나를 너무 사랑해주는 그런 사람이 있어 헌데 왜 너무 외롭다 나 눈물이 난다

♫ **고백**: 이게 아닌데 내 맘은 이게 아닌데 널 위해 준비한 오백 가지 멋진 말이 남았는데

♫ **해바라기꽃**: 내 사랑은 해바라기 꽃 당신만을 바라보면서 까만 밤 하얀 밤 달빛 속을 지새며 순정을 먹고 사는 꽃

내향국화 기질은 인류를 사랑하는 삶, 완전한 자아를 찾아가는 삶, 진실된 마음은 함께하고 싶지만, 현실에서 표현하는 자신은 이별을 허락하는 내적 갈등을 노래한다. 그래서 타인을 배려하는 마음이 앞서 자기 속마음을 분명하게 표현하지 못하고 괴로워하는 노래들을 많이 선택했다. 이들이 선택한 노래를 보면 내향국화 기질이 타인을 위해 본심과 상반되게 선택하고 후회한 일이 많았음을 알 수 있다.

4

논리로 통한다

대나무 기질은 논리적이다. 이들은 비합리적인 것을 싫어한다. 그래서 어떤 일이든 논리와 분석력으로 합리적인 의사결정에 도달하려고 한다. 또, 외향대나무 기질은 자기 논리성을 외부 세계에 펼치기 좋아한다. 자기 생각을 말로 표현하기 좋아하며 새로운 비전을 제시하기 좋아한다. 세상에서 영향력 있는 사람이 되고 싶어 하여 앞에 자주 나선다.

반면, 내향대나무 기질은 자기 논리를 깊이 있게 체계화하려는 경향이 있고, 새로운 이론을 만들고 지식을 체계화하기 좋아한다.

다음은 대나무 기질 그룹이 자기 성격을 잘 표현하는 별칭, 격언이나 속담, 행동 특성, 노래로 표현한 것들이다. 이것은 대나무 기질이 어떤 사람인지 이해하는 데 도움이 된다.

외향대나무 기질은 이런 사람이야!

➡ 다음은 외향대나무 기질의 그룹에서 많이 사용한 조 이름이다.

굳세어라 금순아, Boss, Change our life, 독수리, 부러질지라도 꺾이지 않는다, 백두산, 북두칠성, Action, 독불장군, 나폴레옹, 선구자, 사랑은 폭풍같이 벌은 천둥같이, 벤처, 프런티어, 비켜줄래, 난 진리다, 희망의 등대, 선봉, 사자, 탱크, 꿈

다음은 외향대나무 기질 그룹에서 많이 나온 장점이다.

■ 경쟁심이 강하다.
■ 개척자 정신이 강하다.
■ 관심 분야가 다양해 누구와도 대화할 수 있다.
■ 구습을 타파한다.
■ 기존 질서의 가치는 어디까지나 효율성에 있다.
■ 남들이 잘 하지 않는 부분에 관심이 많다.
■ 다른 사람을 잘 설득한다.
■ 많은 일을 동시다발적으로 처리한다.
■ 명확하고 정확한 결론을 요구한다.
■ 미래를 앞서가는 창의적 사고를 가지고 있다.
■ 부지런하고 앞을 향해 달린다.
■ 분위기나 환경에 상관없이 자기 일을 잘한다.

- 불의를 못참는다.
- 새로운 내용과 방법이 없으면 흥미가 없어진다.
- 선견지명이 뛰어나다.
- 아이디어를 창출하고 새로운 일에 도전한다.
- 여러 가지 일을 동시에 진행한다.
- 자기 아이디어를 실험하고 적용한다.
- 장기적인 조직 플랜을 기획한다.
- 전문 지식을 선호하며 확신과 자신감이 있다.
- 조직을 만들고 그것을 운영해 가는데 재미를 느낀다.
- 기존 방식보다 새로운 문제 해결 방식을 찾는다.
- 좋고 싫음이 명확하고 옳고 그름이 분명하다.
- 현실에 대한 비판과 새로운 대안을 찾는다.
- 효율적인 목표 달성을 위한 방법을 찾는다.

외향대나무 기질이 말하는 장점에서 이들은 혁신적이고, 도전적이고, 통솔하기 좋아하고, 전략적이고, 진취적인 특성이 있음을 알 수 있다.

이들은 변화를 주도하는 혁신적인 리더이다. 하지만, 함께 하는 팀원들을 배려하고 그들의 정서를 돌보는 부분에는 취약하다. 만일, 외향대나무 기질이 반대 기질인 내향국화 기질의 팀원을 배려하지 않으면 그 팀원은 얼마 견디지 못하고 그만두게 될 것이다. 내향국화 팀원은 친절하고 부드러운 환경에서 자기 능력을 잘 발휘하고, 외향대나무 기질이 감지하지 못하는 세밀한 정서를 고객들에게 전달할 수 있다.

   다음은 외향대나무 기질이 선호하는 격언, 속담을 정리해 보았다. 격언을 보면 외향대나무 기질은 변화와 혁신, 자신감, 자기중심, 적극성, 도전, 지식, 효과성, 진취성 등을 중요하게 생각한다는 것을 알 수 있다.

- 1%가 세상을 구한다.
- Go beyond(뛰어넘어라.).
- 간에 기별도 안 간다.
- 가족 빼고 다 바꿔라.
- 고난을 만난 것이 불행한 것이 아니라, 그 고난에 지는 것이 불행한 것이다.
- 그물이 삼천 코라도 벼리가 으뜸이다(아무리 수가 많아도 그것을 통솔하는 사람이 없으면 소용없다.).
- 나를 따르라.
- 나무를 보지 말고 숲을 보아라.
- 남아수독오거서(男兒須讀五車書, 남자는 모름지기 다섯 수레에 실을 만큼의 책을 읽어야 한다.)
- 내 사전에 불가능은 없다.
- 내가 세상을 버릴지언정 세상이 나를 버리게 하지 않겠다.

- 높이 나는 새가 멀리 본다.

- 다다익선

- 된 사람, 난 사람, 든 사람이 되자.

- 마음으로 간절히 바라면 꼭 이루어진다.

- 무실역행(務實力行, 참되고 실속 있도록 힘써 실행한다.)

- 무언가를 온 마음으로 원하면 그렇게 된다.

- 박리다매

- 세상은 넓고 할 일은 많다.

- 세상이 발전하는 이유는 세상을 바로 보는 사람이 있기 때문이 아니라 거꾸로 보는 사람이 있기 때문이다.

- 시간은 금이다.

- 실패를 두려워하지 말고 성공을 위해 꿈꾸고 도전하라.

- 아는 것이 힘이다.

- 안 되면 되게 하라.

- 오늘 걷지 않으면 내일은 뛰어야 할지 모른다.

- 오르고 또 오르면 못 오를 리 없다.

- 우리는 두려움의 홍수에 버티기 위해서 끊임없이 용기의 둑을 쌓아야 한다.

- 운명은 신이 만드는 것이 아니라 내가 만드는 것이다.

- 임전무퇴

- 죽고자 하면 살고 살고자 하면 죽을 것이다.

- 진취월장(進就越障, 나아가고 나아가서 막힌 곳을 넘는다.)

- 하면 된다.
- 학이시습지 불역열호(學而時習之 不亦說乎, 배우고 그것을 때때로 복습하면 또한 기쁘지 아니한가?)

'높이 나는 새가 멀리 본다'는 속담을 자주 강조하는 사람은 아마도 외향대나무 기질일 가능성이 높다. 외향대나무 기질은 먼 안목으로 세상을 보려 한다. 그래서 이들은 더 멀리 더 넓게 세상을 보려고 한다. 또, 이들은 큰 그림을 그리기 좋아하고 큰 비전을 추구하며, 당장의 이익을 위하여 사소한 것에 얽매이기 싫어한다.

격언에서 알 수 있듯이 외향대나무 기질은 새로운 세상을 만들어가는 개척자 정신이 있다. 그래서 다수의 편안한 삶이 아닌 소수의 투쟁하는 삶을 선택한다. 내가 세상을 버릴지언정 세상이 나를 버리게 하지 않겠다고 한 조조의 말처럼 세상의 중심에 자신이 있다. 지향하는 목표가 뚜렷한 외향대나무 기질에게 방향이 분명하지 않은 내향국화, 내향난초 기질은 답답한 존재이다. 반대로 내향국화 기질에게 외향대나무 기질은 사람보다 일을 더 중요하게 생각하는 냉정한 사람으로 보인다. 가까이하기엔 너무 먼 당신이다.

외향대나무 기질은 반대 기질인 내향국화 기질을 어떻게 대해야 하는가? 내향국화 기질은 진심 어린 작은 칭찬에 감동하고, 위대한 비전이 없어도 관계에서 소소한 정을 느낄 때 행복하게 일한다. 그래서 경쟁적이고 험악한 분위기에서는 올바른 정신으로 일하지 못한다. 내향국화 기질은 마치 어린아이 같은 민감한 정서를 가지고 있다. 부드럽게 대하지 않으면 말 한마디에 상처받아 울고 있는 내향국화를 보게 될 것이다.

다음은 외향대나무 기질이 자기 인생과 잘 어울린다고 생각하는 노래이다. 제목과 가사를 보면 외향대나무 기질이 어떤 사람인지 이해하는 데 도움이 된다.

♬ **출발**: 아주 멀리까지 가 보고 싶어 그곳에선 누구를 만날 수가 있을지 아주 높이까지 오르고 싶어 얼마나 더 먼 곳을 바라볼 수 있을지

♬ **넌 할 수 있어**: 너를 둘러싼 그 모든 이유가 견딜 수 없이 너무 힘들다 해도 너라면 할 수 있을 거야 할 수가 있어 그게 바로 너야

♬ **I believe I can fly**: I believe I can fly I believe I can touch the sky

♬ **선구자**: 일송정 푸른 솔은 늙어 늙어 갔어도 한줄기 해란 강은 천년 두고 흐른다

♬ **앞으로**: 앞으로 앞으로 앞으로 앞으로 지구는 둥그니까 자꾸 걸어나가면 온 세상 어린이를 다 만나고 오겠네

♬ **위풍당당**: 뚱뚱해도 당당하게 살아 차 없어도 당당하게 걸어 가리라 기죽지 말고 당당하게 살아 욕먹어도 당당하게 싸워

가리라

🎵 **바위처럼 살아가 보자**: 바위처럼 살아가 보자 모진 비바람이 몰아친대도 어떤 유혹의 손길에도 흔들림 없는 바위처럼 살아가 보자

🎵 **내가 제일 잘 나가**: 내가 제일 잘 나가 누가 봐도 내가 좀 죽여주잖아 둘째가라면 이 몸이 서럽잖아 넌 뒤를 따라오지만 난 앞만 보고 질주해

🎵 **나는 문제없어**: 너무 힘들고 외로워도 그건 연습일 뿐야 넘어지진 않을 거야 나는 문제없어

🎵 **당돌한 여자**: 일부러 안 웃는 거 맞죠 나에게만 차가운 거 맞죠 알아요 그대 마음을 내게 빠질까 봐 두려운 거죠

🎵 **여성시대**: 화장하고 머리를 자르고 멋진 여자로 태어날 거야 당당하게 좀 더 꿋꿋하게 두 번 다시는 난 울지 않아

🎵 **날아올라**: 할 수 없다 생각지 마 겁내지마 덤벼봐 내 멋대로 내버려 둬 내 뜻대로 가는 거야 가슴속에 모든 꿈이 있잖아 당당하게 부딪친다

🎵 **비상**: 함께 했던 시간들 더는 아파하며 추억하지 마 내가 너를 버렸다는 것 그 하나만 기억해

외향대나무 기질은 자기 한계를 시험해보는 삶, 할 수 있다는 자신감을 고취하는 삶, 앞을 향해 전진하는 삶, 당당하게 살아가는 삶, 흔들리지 않는 신념의 삶을 노래한다.

외향대나무 기질의 노래 속에는 미지의 세계에 대한 호기심과 동경이 있다. 작은 것에 연연하지 않고 큰 그림을 그리려고 한다. 그래서 호미가 아닌 불도저로 일하고 싶어 한다. 저돌적인 외향대나무 기질은 지엽적이고 작은 일로 발목 잡히는 것을 싫어해 구체적인 일은 마음에 차지 않는다고 하지 않으려 한다.

내향대나무 기질은 이런 사람이야!
➡ 다음은 내향대나무 기질의 그룹에서 많이 사용한 조 이름이다.

초지일관, 죽비소리, 독수리, 늘 푸른, 사슴, 겨울 대나무, 독야청청, 죽도, 일체유심조, 이건 내가 아니야, 얼음공주, 킬리만자로의 표범, Why, 외톨이야, 일편단심, 일송정, 대쪽, 유아독존, 생각하는 사람, My way, 꿈꾸는 사람

다음은 내향대나무 기질 그룹에서 많이 나온 장점이다.

- 겉과 속이 같다.
- 남에게 의존하지 않고 독립적이다.
- 끊임없이 배우고 공부한다.
- 논리적이다.
- 누군가의 아래에 있는 것을 싫어한다.

- 능력 있는 사람이 대우받는 투명하고 경쟁력 있는 조직을 만든다.
- 다른 사람의 말을 쉽게 믿지 않으며 사기를 잘 당하지 않는다.
- 미래를 예측하고 늘 준비하여 실행한다.
- 빨리 배운다.
- 비논리적인 말을 들으면 화가 난다.
- 문제가 복잡할수록 도전해 보고 싶어 한다.
- 상황을 분석하여 바람직한 방향으로 바꾸려 한다.
- 새로운 가능성을 모색하고 더 나은 것을 찾는다.
- 새로운 이론, 개념, 디자인, 시스템을 구축한다.
- 쉽게 흔들리지 않고 곧으며 의지가 강하다.
- 스스로에게 비전을 제시한다.
- 신념과 원칙을 고수한다.
- 예리한 분석력으로 평가한다.
- 원리 원칙주의자이다.
- 의지력이 강하다.
- 자신이 좋아하는 것은 끝까지 파고든다.
- 장기적인 미래 비전을 가지고 있다.
- 창의적인 문제 해결력으로 조직을 이끈다.
- 책을 많이 읽는다.
- 최적의 시스템을 만들려는 강한 의지가 있다.
- 탐구하는 것을 좋아한다.
- 혼자서도 잘 지낸다.

- 현실에 만족하지 않고 항상 인생에 도전한다.

　내향대나무 기질은 창의적이고, 독립적이고, 논리적이고, 원칙적이고, 분석적이고, 미래지향적인 특성이 있다. 그래서 이들은 환경의 변화에 따라 움직이지 않고 오직 자기 비전을 향해 새로운 길을 개척하는 리더에 가깝다. 하지만, 다른 기질 팀원들과 정서적 교감을 하지 않으면 독불장군이라는 평을 듣게 된다. 또한, 현실에서 자기 아이디어가 어떤 결과를 낼 수 있는지 검토하는 작업을 하지 않으면 이론을 위한 이론에 머물 수 있다. 반대 기질인 외향국화 팀원을 대할 때 객관적 잣대로만 평가하려고 한다면 그들은 좌절할 것이다.

　외향국화 기질의 일상적인 대화 시간을 무익한 잡담으로 치부한다면 그들은 깊은 상처를 받을 것이다. 공사를 명확히 하고 능력에 따라 팀원들을 대하는 것도 중요하지만, 이와 다른 반대 기질은 서로를 챙겨주는 따뜻한 분위기에서 더 열심히 일하고 능률을 발휘한다는 것을 기억하라.

　다음은 내향대나무 기질이 선호하는 격언, 속담을 정리해 보았다. 격언을 보면 내향대나무 기질은 지식, 발전, 굳은 신념, 꿈, 지혜, 변화, 정당함, 진취적, 의지, 상상력, 배움, 미래, 책, 의지를 강조한다는 것을 알 수 있다.

- Simple Life, High Thinking.

- 굶어 죽어도 구걸은 못한다.

- 꿈을 그리는 사람은 그 꿈을 닮아간다.

- 기하학을 모르는 자 여기로 들어오지 마라.

- 끼리끼리 논다.

- 길이 아니면 가지 마라.

- 높이 나는 새가 멀리 본다.

- 눈에는 눈, 이에는 이

- 더 나은 내일을 위하여!

- 뜻이 있는 곳에 길이 있다.

- 리얼리스트가 되자, 그러나 가슴속에 불가능한 꿈을 담자.

- 만나는 사람에게 무언가를 배우는 자가 가장 현명한 사람이다.

- 모든 것은 로마로 통한다.

- 배워서 남 주나?

- 변화하지 않는 것은 변화한다는 사실이다.

- 부러질지언정 휘어지지는 않는다.

- 뿌린 대로 거둔다.

- 불가능은 없다.

- 사유가 경험을 유도한다.

- 사필귀정

- 삶의 중심은 마음에 있다.

- 삶이 그대를 속일지라도 슬퍼하거나 노여워하지 마라.

- 썩어서 없어지기보단 닳아서 없어지자.

- 새도 나무를 가려서 앉는다.

- 아는 것이 힘이다.

- 안 되면 될 때까지.

- 어린아이에게도 배울 줄 알아야 한다.

- 어제보다 나은 오늘, 오늘보다 더 나은 내일을 만들자.

- 일신일일신우일신(日新日日新又日新)

- 자승자강

- 지혜는 들음에서 생기고 후회는 말함에서 생긴다.

- 책 속에 길이 있다.

- 천상천하 유아독존

- 천재는 99%의 노력과 1%의 재능으로 만들어진다.

- 초지일관

- 하루라도 책을 읽지 않으면 입안에 가시가 돋는다.

'지식은 힘이다'라는 속담을 강조하는 사람은 아마도 내향대나무 기질일 가능성이 높다. 내향대나무 기질은 깊은 지적 욕구를 가지고 있는 사람들이다. 세상을 눈에 보이는 대로 보지 않고 그 속에 숨겨져 있는 원리를 파악하려 한다. 그래서 이들은 깊은 통찰력과 분석력으로 원인을 파악하고 해결책을 찾으려 한다.

격언에서 알 수 있듯이 내향대나무 기질은 고차원적 사고, 배움에 대한 열정, 확고한 원칙, 독립적인 태도가 있다. 그리고 원칙, 개념, 지식, 의지, 생각 없는 것을 싫어한다.

내향대나무와 반대 기질인 외향국화 기질은 원칙보다는 상황 참작을 많이 한다. 내향대나무 기질에게 외향국화 기질은 자기감정에 따라 이랬다저랬다 하는 사람이다. 그래서 이들은 원칙과 기본을 가르쳐야 할 대상이다. 반대로 외향국화 기질에게 내향대나무 기질은 너무 딱딱하고 찬기가 도는 무정한 사람이다. 잘한 것은 보지 않고 잘못한 것만 지적하는 자기 잘난 맛에 사는 사람이다.

내향대나무 기질은 반대 기질인 외향국화 기질을 어떻게 대해야 하는가? 외향국화 기질은 관계가 좋아야 일을 잘한다. 관계가 좋아야 기분 좋게 일할 수 있다. 관계에 갈등이 있으면 해야 할 일을 하지 못하고 온 에너지를 갈등을 해결하는 데 사용하게 된다.

외향국화 기질은 칭찬을 통해 수용 정도를 가늠한다. 자신에게 칭찬을 많이 하면 자신을 신뢰하는 정도가 높은 것으로 인지한다. 그래서 칭찬을 하면 할수록 더 잘하려고 노력한다. 타인의 비판적인 말과 표정에 민감하게 반응하고 주눅 든다. 모든 종류의 비판은 자신을 싫어서 하는 말로 인지한다.

다음은 내향대나무 기질이 자기 인생과 잘 어울린다고 생각하는 노래이다. 제목과 가사를 보면 내향대나무 기질이 어떤 사람인지 이해하는 데 도움이 된다.

♬ **마지막 승부**: 마지막에 비로소 나 웃는 그날까지 포기는 안 해 내겐 꿈이 있잖아

♬ **어떤 이의 꿈**: 어떤 이는 꿈을 간직하고 살고 어떤 이는 꿈을 나눠주고 살며 다른 이는 꿈을 이루려고 사네

♬ **소나무**: 소나무야 소나무야 언제나 푸른 네 빛 쓸쓸한 가을 날이나 눈보라 치는 날에도 소나무야 소나무야 변하지 않는 네 빛

♬ **왜 불러**: 왜 불러 왜 불러 돌아서서 가는 사람을 왜 불러 왜 불러 토라질 땐 무정하더니

♬ **My way**: I traveled each and every highway And more much more than this, I did it my way

♬ **솔아 솔아 푸르른 솔아**: 솔아 솔아 푸르른 솔아 샛바람에 떨지 마라 창살 아래 내가 묶인 곳 살아서 만나리라

♬ **단심가**: 이 몸이 죽고 죽어 일백 번 고쳐 죽어 임 향한 일편단 심이야 가실 줄이 있으랴

♬ **애국가**: 남산 위에 저 소나무 철갑을 두른 듯 바람서리 불변 함은 우리 기상일세

♬ **나만의 방식**: 거친 사막에 피어난 푸르른 선인장처럼 불꽃같은 삶을 살고 싶어 나만의 방식으로

♬ **내 인생은 나의 것**: 내 인생은 나의 것 내 인생은 나의 것 그냥 나에게 맡겨 주세요

♬ **외톨이야**: 외톨이야 외톨이야 외톨이야 외톨이야 봐봐 나를

봐봐 똑바로 내 두 눈을 봐

♬ **킬리만자로의 표범**: 묻지 마라 왜냐고 왜 그렇게 높은 곳까지 오르려 애쓰는지 묻지를 마라 고독한 남자의 불타는 영혼을 아는 이 없으면 또 어떠리

♬ **애송이**: 나는 콧대 높은 여자, 시건방진 여자 자신 있음 이리 와봐 애송이들아

♬ **겸손은 힘들어**: 돌아가신 울 아버지 울 할머니 겸손하라 겸손 하라 하셨지만 지금까지 안 되는 건 딱 한 가지 그건 겸손이 라네

♬ **나는 문제없어**: 너무 힘들고 외로워도 그건 연습일 뿐야 넘어 지진 않을 거야 나는 문제없어

♬ **죽어도 못 보내**: 내가 어떻게 널 보내 가려거든 떠나려거든 내 가슴 고쳐내 아프지 않게 나 살아갈 수라도 있게 안 된다면 어차피 못 살 거 죽어도 못 보내

내향대나무 기질은 끝까지 꿈을 향해 가는 삶, 일관된 삶, 굳건한 삶, 독립적인 삶, 기준이 높은 삶, 포기하지 않는 삶을 노래한다. 내향 대나무 기질의 노래 속에는 주변 환경에 연연하지 않고 비전을 향해 일관되게 나아가는 진취성이 있다. 그래서 목표 중심적인 내향대나 무 기질에게 주변 환경은 큰 문제가 되지 않는다는 장점이 있다.

4장

다른 기질을
가진 사람들과
잘 지내려면?

자신과 다른 사람이 어떻게 다른지 이해하면, 나와 다른 기질을 가진 사람과도 잘 지낼 수 있다. 이 사군자 기질검사는 기질의 차이를 쉽게 이해할 수 있도록 도와준다. 다른 기질과 내가 어떤 점이 다른지를 이해하면, 인간관계에서 해야 할 것과 하지 말아야 할 것을 찾기 쉬워진다. 그리고 갈등을 근본적으로 줄이기 위해서는 자신의 기질을 역기능적으로 사용하는 것을 줄여야 한다.

　　이 장에서는 사군자 기질검사를 통해 자신의 기질을 긍정적이고 성장 지향적으로 사용하지 못하고 역기능적으로 사용하게 되는 이유를 알게 될 것이다. 그리고 자연의 순리에서 찾은 기질을 성장시키는 방법을 안내한다.

1

다음 계절을 본받아라

    기질은 본질적으로 좋고 나쁜 것을 따질 수는 없지만, 어떻게 사용하느냐에 따라 좋은 열매를 맺을 수도 있고 나쁜 열매를 맺을 수도 있다.

    자기 기질을 긍정적으로 잘 활용하는 사람이 있지만, 자기 기질을 역기능적으로 사용하는 사람도 있다. 기질을 역기능적으로 사용하게 되면 관계에서 갈등을 일으키게 된다.

    기질을 역기능적으로 사용하게 되는 가장 큰 원인은 자기 기질을 과하게 사용할 때 일어난다. 즉, 과유불급의 함정에 빠지는 것이다.

    어떤 것이든 지나친 것은 문제를 일으킨다. 이것은 자연의 이치이다. 마치 하늘에서 내리는 비가 과하면 홍수가 되는 것과 같다. 바람은 좋은 것이지만 과하면 태풍이 된다. 기질도 자연의 이치와 마찬가지로,

과하면 다른 사람에게 피해를 주는 역기능적 행동을 유발한다.

　자기 기질을 과하게 사용하지 않으려는 방법은 너무나도 쉽고 간단하다. 자연의 이치를 따르는 것이다.

　사군자는 사계절과 밀접한 관련이 있다. 매화는 봄, 난초는 여름, 국화는 가을, 대나무는 겨울을 대표한다. 자기 기질을 순기능적으로 사용하기 위해서는 다음 계절로 흘러가야 한다. 봄이 여름으로 흘러가듯 매화 기질은 난초로 흘러가야 한다. 달리 말하면, 매화 기질은 난초의 좋은 부분을 배워야 한다는 뜻이다. 매화 기질이 난초의 좋은 부분을 배우게 되면 한쪽에 치우치지 않고 균형을 이루어 자기 기질을 순기능적으로 사용할 수 있게 된다.

2

재미있게 살아라

　매화 기질을 가진 사람이 다른 사람들과 잘 지내려면 재미있게 사는 법을 배워야 한다.

　매화 기질은 자신이 해야 할 일을 당연하게 받아들인다. 그래서 항상 준비하고 확인하고 관리한다. 이들의 생활은 검소하고 절제되어 있다. 또한, 일상적으로 반복되는 단조로운 생활을 잘 견딘다.

　매화 기질은 책임감 있게 살지만, 난초 기질에게 재미있게 사는 법을 배우지 않으면 과도한 책임감에 빠진다. 과도한 책임감에 사로잡히면 다른 사람들에게 감당하기 힘들 정도의 잔소리를 하게 된다. 잔소리를 좋아하는 사람은 없다.

　반대로, 매화 기질이 난초 기질에게 재미있게 일하는 것을 배우면 기본적인 책임감에 재미를 더하여 매우 멋진 모습을 보인다. 스스로 자기 일을 재미있게 할 뿐만 아니라, 다른 사람들에게도 재미있게 일하도록 독려하는 스킬을 사용하게 된다. 그런 사람에게는 주변에서 사람들이 모여들게 된다.

그렇지 않고 잔소리를 많이 하는 매화 기질에게는 사람들이 점점 떠나가게 된다. 결국에는 가족들도 떠나가고 시간이 지날수록 고생은 고생대로 하고 주변에는 자신을 좋아하는 사람이 없는 외로운 인생이 되기 쉽다.

매화 기질이 빠지기 쉬운 대표적인 역기능적 행동은 다음과 같은 것들이다. 책임감을 과하게 사용하면 잔소리가 많아지고, 안정성을 과하게 추구하면 새로운 아이디어를 거부하게 되며, 준비성을 과하게 사용하면 좋은 기회를 놓치고, 마감 시간을 과하게 강조하면 일의 과정을 즐기지 못하고, 걱정을 과하게 하면 새로운 것에 도전하지 못하고, 세밀한 것을 과하게 강조하면 큰 것을 보지 못한다.

외향매화 기질은 잔소리가 많아지고 일의 과정을 즐기지 못하는 역기능에 빠지기 쉽고, 내향매화 기질은 새로운 아이디어를 거부하고, 도전하지 못하고, 큰 것을 보지 못하는 역기능에 빠지기 쉽다.

매화 기질이 후회 없는 삶을 살려면 어떻게 해야 할까? 재미있게 사는 것은 저절로 깨닫게 되지 않는다. 난초 기질은 재미있게 노는 것을 가르쳐 주지 않아도 자연스럽게 하지만, 매화 기질은 의도적인 노력이 필요하고 배워야 한다.

매화 기질이 재미있게 살려면 잘 노는 난초 기질에게 배우는 것이 좋다. 만일, 매화 기질이 난초 기질에게서 재미있게 사는 법을 배우지 않으면 매화 기질 본연의 책임감을 과하게 사용하게 된다.

매화 기질이 재미있게 일하는 법을 배우면 책임감을 기본으로 가지고 있으면서 일을 재미있게 하는 사람이 된다. 자기 일을 재미있게 하면서 다른 사람에게 일을 재미있게 하도록 배려하게 된다. 그런 사람은 우리는 과정과 결과에 균형을 이룬 '매화 군자'라고 부른다.

책임감의 탈을 쓴 잔소리

외향매화 기질은 신속·정확하게 결과물을 내는 데 집중한다. 재미있게 일하는 난초 기질을 개발하지 않으면 마감 시간 안에 목표 달성하려는 매화 기질을 과하게 사용하게 된다. 그러면 모든 사람이 일사불란하게 같은 목표를 향해 협력하기를 원한다. 이 과정에서 박자를 맞추지 못하는 사람은 외향매화의 지적 대상이 된다. 특히 마감 시간이 임박할수록 지적하는 간격은 더 좁아진다.

외향매화 기질을 가진 사람이 책임감을 과하게 사용하면 마감 시간 넘기는 것을 용납하지 않는다. 그래서 맡은 일이 있으면 무슨 일이 있어도 마감 시간 안에 일을 끝내려고 한다. 그러다 보니 팀원 중 어느 한 명의 비협조로 마감이 미루어진다면, 외향매화 기질은 강하게 분노를 표출한다. 그래서 일의 과정에서 누릴 수 있는 즐거움은 사라지고 오직 마감 시간 안에 끝내는 목표만이 남게 된다.

외향매화의 역기능을 보여주는 손책

외향매화 기질의 역기능을 잘 보여주는 인물로 삼국지에 나오는 '손책(孫策)'을 들 수 있다.

손견의 아들인 손책은 아버지가 죽은 후 원술 밑에서 여강 땅의 육강을 격파하고 용맹함을 펼친다. 그때 백성들이 우길 도사라는 비현실적인 인물에게 열광했다. 현실주의자였던 손책은 우길 도사의 행태에 대해 불쾌하게 여겼다.

그는 우길 도사를 사이비 교주로 치부했다. 그리고 우길 도사가 민심을 어지럽힌다고 생각하여 그를 죽이게 된다. 손책은 어머니와 신하들의 만류에도 불구하고 우길 도사를 죽인다. 강동 이교 중 한 명이자 절세미인인 대교와 결혼한 손책은 결혼 5년만인 약관 26살에 우길 도사의 망령에 시달려 신경쇠약증으로 죽게 된다.

외향매화 기질의 적극적인 추진력과 성급한 결단은 빠른 실행력을 동반한다. 이런 실행력은 때로 돌이킬 수 없는 결과를 초래한다. 성급한 결정이 약관 20세에 강동 81주를 평정했던 손책을 죽음에 이르는 병에 들게 하였다.

성실함의 탈을 쓴 과도한 걱정

내향매화 기질은 외향매화 기질 같이 자주 잔소리하지는 않지만, 한번 잔소리를 시작하면 끝을 본다. 그래서 이전에 하지 못했던 것들까지 끌어내 나열한다. 심지어 듣는 사람은 기억하지도 못하는 내용까지 말을 한다. 그때그때 말하지 않고 잊어버리지도 않고 그것을 마음에 간직하고 있다. 이들의 구체적인 기억력은 다른 사람을 놀라게 한다.

내향매화 기질은 안정성을 과하게 추구하여 새로운 아이디어를 거부하는 역기능에 빠진다. 새로운 것을 시도할 때 느낄 수 있는 즐거움을 찾기보다는 익숙한 것을 안전하게 하려고 한다. 조금만 달리 생각해보면 더 좋은 방법이 있어도 고정된 방식을 고수하려고 한다. 인생의 즐거움이 새로운 것을 할 때도 느낄 수 있음을 경험하지 못한다.

또, 이들은 어떤 일을 시작할 때 큰 그림을 그리고 시작하는 것이 아니라, 세세한 부분까지 완벽하게 준비된 이후에 시작하려고 하는 경향이 있다. 그래서 뭔가 결정해야 할 때 정보 수집하는 시간을 많이 보낸다.

내향매화의 역기능을 보여주는 원소

내향매화 기질의 역기능을 잘 보여주는 인물로 삼국지에 나오는 '원소(袁紹)'를 들 수 있다.

원소는 안정성을 과하게 추구하다 기회를 놓친 인물이다.

조조는 낙양성을 불태우고 도망하는 동탁을 추격하자고 했지만, 원소는 모험보다 지쳐있는 군사들을 안전하게 지키는 것을 선택했다. 천자는 이각과 곽사를 피해 낙양성으로 도망한다. 그런데 낙양성은 폐허가 되어 아무것도 할 수 없었다. 그래서 지방 제후들에게 칙사를 보내어 자신을 호위해 달라고 요청했다.

원소의 부하인 저수(沮授)는 천자를 보위하면 천하를 얻을 기회가 올 것이라고 했다. 하지만 안정을 중요시하는 원소는 거주하는 하북 땅이 물자가 풍부해서 좋은데, 천자를 보위하면 많은 제후의 적이 되지 않을까 걱정하였다.

모험을 좋아하는 외향대나무 기질 조조는 제장(諸將)들을 불러 모아 회의를 열었다. 원소와 조조는 동맹에서 적으로 만나 싸우게 된다.

원소에게는 허유라는 부하 장수가 있었다. 허유는 순찰 중에 순욱이 조조에게 보내는 밀사를 잡게 되었다. 밀사는 편지를 가지고 있었는데 그 내용이 조금만 참고 견디면 순욱이 식량을 지원하겠다는 내용이었다. 이 편지로 인해 조조에게 군량을 지원하기 위해서 순욱이 허도에 있는 병사들을 데리고 나온다는 결정적인 정보를 확보하게 되었다. 허유는 원소에게 보고하고 군사 5천만 주면 샛길로 빠져나가 허도를 함락하겠다고 했다. 하지만 의심 많고 모험을 싫어하는 원소는 허도 치는 것을 감행하지 않아 결국, 원소는 조조에게 대패한다. 너무 안전한 것을 좋아한 그의 성격 때문이었다.

3

인생의 의미를 찾아라

난초 기질의 사람이 다른 기질의 사람들과 잘 지내려면 인생의 의미를 찾아야 한다. 인생의 의미를 가장 많이 찾는 기질은 국화 기질이다. 난초는 계절적으로 여름을 상징하고 국화는 가을을 상징한다.

난초 기질은 활동적이고, 모험을 즐기며, 감각적이다. 게다가 위기 상황에 대처하는 능력이 뛰어나다. 그들은 유머 감각이 뛰어나고 재미있게 사는 법을 안다. 그래서 어디를 가든지 주변에 친구가 많다.

난초 기질을 가진 사람은 인생을 재미있게 살지만, 자기 기질만을 사용하고 국화 기질을 개발하지 않으면 균형을 잃게 되어 과유불급하게 된다. 그러면 난초 기질의 특성을 과하게 사용하여 타인에게 피해를 주는 역기능적 행동을 하게 된다.

난초 기질이 재미를 과하게 추구하면 쾌락에 빠지게 된다. 쾌락을 추구하는 것이 반복되면 중독에 빠진다. 그래서 중독에 빠지기 쉬운 기질이 난초 기질이다. 그러나 국화 기질이 추구하는 인생의 의미와 타인을 배려하는 것을 배우면 절제력이 생기게 된다. 재미는 있지만, 의미가 없는 것들은 스스로 하지 않게 된다. 의미를 생각하지 않고 재미를 따라가면 절제력을 상실하기 쉽지만, 재미와 의미를 다 추구하면 재미만을 좇아가지 않게 된다. 그래서 외부로부터의 강압적인 절제가 아니라 스스로 선택하는 절제력을 발휘할 수 있게 된다.

난초 기질이 빠지기 쉬운 대표적인 역기능적 행동은 다음과 같은 것들이다. 재미를 과하게 추구하면 쾌락에 빠지고, 감각적인 활동을 과하게 추구하면 무절제한 삶에 빠지고, 본능을 과하게 추구하면 충동적으로 행동하게 되며, 여유로움을 과하게 추구하면 게으르게 되고, 현재의 행복을 과하게 추구하면 미래가 없는 무책임한 삶을 살게 된다.

외향난초 기질은 쾌락에 빠진 삶, 무절제한 삶, 충동적인 삶에 빠지기 쉽고, 내향난초 기질은 게으른 삶, 미래가 없는 삶의 역기능에 빠지기 쉽다.

난초 기질이 후회 없는 삶을 살려면 어떻게 해야 할까? 여름 기질인 난초 기질은 가을 기질인 국화 기질을 배워야 한다. 여름이 가을을 흡수하듯이 난초 기질은 국화 기질을 수용해야 한다. 국화 기질의 의미를 추구하는 것을 배워야 한다는 뜻이다.

난초 기질은 신명 난 삶을 살아가지만, 국화 기질에게서 인생을 의미 있게 사는 것을 배우지 않으면 타인에게 피해를 주는 무절제한 삶을 살게 된다. 난초 기질이 국화 기질에게서 의미 있는 것을 추구하는 것을 배우면 재미와 의미가 균형을 이루게 된다. 재미만 쫓아가면 쾌락에 빠지지만, 재미가 있어도 의미 없는 일은 하지 않으려는 결단은 자연스럽게 자기 삶에 절제력을 가지게 만든다.

난초는 외부의 통제에 의한 절제가 되지 않는다. 스스로 가치 있는 것과 없는 것을 구분해서 의미 있는 것을 선택하는 자유 의지를 통해서만 자기 삶을 건강하게 컨트롤 할 수 있다. 삶의 의미와 가치를 우선순위에 두는 난초는 고귀하고 비싼 난초가 된다. 이런 난초를 우리는 '난초 군자'라고 부른다.

재미의 탈을 쓴 방탕

외향난초 기질은 자유로운 영혼이다. 생각은 개방적이며 행동은 자유롭다. 주변 사람들에게 인기가 많다. 순간순간 재미있게 살고 싶은데, 현실은 해야 할 일이 너무 많다. 재미를 쫓아가다 보면 재미없는 것은 하기 싫어한다.

주변에서 요구하는 삶은 이들에게 너무 무거운 짐이다. 차라리 쉬운 무절제한 삶을 선택한다. 외향난초가 삶의 의미를 발견하면 가치 있는 일을 멋있고 재미있는 일로 만들게 된다.

외향난초 기질은 스릴과 모험을 즐긴다. 새로운 장소를 탐색하고 새로운 사람 만나는 것을 꺼리지 않는다. 모험과 스릴을 과하게 추구하면 가족들을 소홀히 하게 된다. 주의가 산만하고 한 가지 일을 오래 하지 못하며 금방 싫증낸다. 쉽게 흥분하고 심한 감정 변화를 보인다. 조급하여 자신이 원하는 것을 당장 얻지 못하면 화를 참지 못한다. 돈을 아껴 쓰지 못해 저축하는 것은 불가능하다.

외향난초의 역기능을 보여주는 장비, 여포, 동탁

외향난초 기질은 의리를 중요하게 생각하는데, 이 기질의 역기능을 잘 보여주는 인물로 삼국지에 나오는 장비(張飛)와 여포(呂布), 동탁(董卓)을 들 수 있다.

여포는 17개국 연합군 장수인 방열, 목순, 무안국 등 수많은 장수를 죽였다. 장비는 혼자서 장판교 위를 가로막고 조조의 백만 대군과 대치했다. 하지만, 이들은 물질의 유혹에 약했다. 그래서 여포는 동탁이 선물로 준 적토마에 마음을 빼앗겨 양아버지 정원을 죽이고, 여포는 초선 때문에 동탁을 배신하고 죽이게 된다. 갈 곳이 없는 여포를 유비가 받아 주지만, 그는 유비가 원술을 치러간 사이 술에 취한 장비에게서 서주성을 빼앗는다.

여포는 조조에게 대패하고 원술과 사돈을 맺어 위기를 모면하려 했지만, 실패로 돌아간다. 술로 인한 피해를 경험한 여포는 모든 군사에게 금주령을 내렸다. 그런데, 부하 장수 중 후성과 그 일당이 술을 마시게 된다. 그것이 발각되어 목을 자르는 대신 곤장을 무지하게 때리게 된다.

후성은 자신을 위해 충성한 장수들을 홀대한 여포를 배신할 것을 결심하고 여포가 낮잠을 자고 있을 때 묶어 조조에게 넘기게 된다. 여포는 그렇게 일생을 마감한다.

이들 외향난초 기질은 최고의 장수들이었지만, 무절제한 폭행과 과격한 행동으로 인해 어이없는 죽임을 당했다.

동탁은 호로관의 삼전에서 패한 후 천도를 감행한다. 천도를 반대하는 사람들을 가차 없이 죽이겠다고 협박하고 재산을 탈취한 후 낙양을 불태우고 천도를 감행한다. 장안으로 천도한 후 조정의 중신을 잔치에 초대하여 원소와 내통했던 장원의 머리를 소반에 담아 잔치에 가져와서 자신을 반대하는 사람들이 어떻게 되는지 보여주는 공포정치를 한다.

장비는 서주성을 지킬 때 술잔을 깨뜨리면서 술을 절대 마시지 않겠다고 맹세했다. 하지만, 만취 상태로 여포의 장인인 조표를 폭행했다. 폭행당한 조표의 배신으로 서주성을 여포에게 빼앗긴다.

또한, 장비는 관우의 죽음을 애도하기 위해 부하 장수 범강과 장달에게 흰 갑옷을 준비하도록 했다. 하지만, 그들은 흰 천을 구하지 못했다. 술에 취한 장비는 자기 명령에 따르지 않은 장달과 범강을 막무가내로 구타했다. 이 일로 인해 범강과 장달은 장비가 술에 취해 잠든 사이 칼로 찔러 죽인다.

여유의 탈을 쓴 게으름

내향난초 기질은 만사가 여유롭다. 낙천적이고 긍정적이다. 알아서 잘 될 것이라는 여유를 과하게 추구하면 노력을 하지 않는다. 열성이 부족하고 적당한 선에서 현실과 타협하여 안주하려고 한다. 또한, 꿈과 목표를 가지고 살지 않고, 있어도 그만 없어도 그만인 태도를 가지게 된다. 새로운 목표를 두고 그것을 성취하기 위해 노력하는 모습을 보이지 않는다. 이들은 야망이나 꿈도 없다.

내향난초의 역기능을 보여주는 유기

내향난초 기질의 역기능을 잘 보여주는 인물로 삼국지에 나오는 유기를 들 수 있다.

형주 태수 유표(劉表)에게는 유기(劉琦)와 유종(劉琮) 두 아들이 있었다. 유표는 형주성을 두 아들보다 유비에게 물려주려 했지만, 유비가 거절하자 큰아들 유기에게 물려 줄 것을 유언했다. 하지만 유종의 어머니 채 씨 일가족의 계략에 의해 유표의 유언은 왜곡되고 작은아들 유종에게 형주 태수 자리가 계승된다. 내향난초 기질인 유기는 천성이 여리고 착했다.

동생에게 자리를 빼앗기고 삶의 목표를 잃은 유기는 강하에서 술과 여자에 빠져 산다. 성품이 온화하지만 어리석었던 유기는 후에 노숙이 유비에게 형주를 돌려달라고 했을 때 노숙의 입을 막기 위해 제갈량에게 이용당하기도 한다.

내향난초 기질은 장기적인 미래에 대한 비전이 약하고 현재에 안주하는 스타일이다. 현재의 상황이 자신이 원했던 길이 아니면 쉽게 꿈을 잃고 의욕을 상실한다. 그래서 이들은 새로운 의지로 목표를 세워 싸우는 것이 아니라 방탕한 삶에 빠져 역기능적 행동을 한다.

4

논리와 친구가 되어라

국화 기질이 다른 사람들과 잘 지내려면 논리적으로 사고하는 법을 배워야 한다. 가장 논리적인 기질은 대나무 기질이다.

국화 기질은 이해심과 동정심이 많아 이타적이고 다른 사람과 조화로운 관계에서 일하기 좋아한다. 이들은 일의 의미와 가치를 중시하고 사람의 중요성을 강조한다. 반면, 국화 기질이 자기 기질만을 사용하고 대나무 기질을 개발하지 않으면 한쪽으로 치우쳐 균형을 잃게 된다. 그러면 국화 기질의 특성을 과하게 사용하여 타인에게 손해를 끼치는 역기능적 행동을 하게 된다.

타인을 배려하는 것을 과하게 사용하면 자신은 점점 없어지고 타인의 삶을 살게 된다. 국화 기질이 타인을 배려하는 특성을 과하게 사용할 때 나타나는 초기 증세는 결정 장애이다.

국화 기질이 대나무 기질의 논리와 분석을 배우게 되면 객관적인 시야를 확보하게 된다. 자신과 타인을 객관적으로 분석할 수 있게 되며, 거절해야 할 상황에서 거절하는 힘을 가지게 된다.

국화 기질이 빠지기 쉬운 대표적인 역기능적 행동은 다음과 같다. 조화로운 관계를 과하게 추구하면 자기 존재가 없어지고, 동정심을 과하게 추구하면 경계선이 불분명해지고, 타인을 지나치게 배려하면 우유부단하게 되고, 이상을 과하게 추구하면 비현실적이 되고, 주변 환경을 과하게 고려하면 돌파하지 못한 채 쉽게 타협하는 무능한 역기능에 빠지게 된다. 외향국화 기질은 경계선의 불분명, 존재감 상실, 막연하게 추측하는 역기능에 빠지기 쉽고 내향국화 기질은 의존적, 우유부단, 비현실적, 무능해지는 역기능에 빠지기 쉽다.

국화 기질이 후회 없는 삶을 살려면 어떻게 해야 하는가? 국화 기질은 그들이 속한 곳에서 따뜻한 마음을 잘 나타내지만, 대나무 기질의 논리성과 객관성을 배우지 않으면, 성과에 집중하지 못하고 다른 사람과의 관계에서 갈등을 해결하는데 너무 많은 에너지를 사용하게 된다. 그래서 사람은 착하고 좋지만, 성과를 내지 못해 조직에서 능력을 인정받지 못하는 사람이 된다.

반대로 대나무 기질의 분석력, 논리성, 객관성을 배우게 되면 다른 사람을 배려하는 바탕 위에 장기적인 안목에서 목표를 세우고 성과를 창출할 수 있는 시스템을 확보하게 된다. 이런 사람을 우리는 따뜻한 카리스마를 가진 '국화 군자'라고 부른다.

사랑의 탈을 쓴 침범

외향국화 기질은 모두가 화목한 분위기에서 한마음으로 일하기 원한다. 대나무 기질을 개발하지 않으면 팀의 화목한 분위기 만드는 데 에너지를 과하게 사용하게 된다. 그러면 조직의 목표 달성을 위한 시간보다 팀원 간에 갈등 해결하는 데 더 집중하게 된다. 이 과정에서 목표 중심적인 사람과 관계 중심적인 사람 사이에 갈등이 생길 수 있다.

목표 중심적인 사람은 일정 부분 서로 오해와 상처가 있어도 조직 전체를 위해서 감수해야 한다는 입장이지만, 관계 중심적인 사람은 조직성과를 뒤로 미루어서라도 상호 관계를 회복시키는 것이 우선임을 강조한다. 그래서 갈등을 해결하기 위해 여러 사람에게 말을 하게 되는데, 그것이 원하지 않는 소문으로 증폭된다. 그러다 결국, 상처를 해결하기 위해 나서지만, 오해는 깊어진다. 갈등을 해결하려는 의도와는 달리 갈등의 중심에 서 있는 자신을 발견한다.

외향국화 기질은 동정심이 많아 경계선이 불분명해질 때가 있다. 이들은 마음이 여리고 정에 약하여 불쌍한 사람을 보면 그냥 지나치지 못한다. 정서적인 감수성이 예민하여 슬픈 드라마를 보며 눈물을 많이 흘린다. 다른 사람의 슬픔을 마치 자기 것으로 받아들인다. 자기 사정이 여의치 않아도 거절해야 하는 상황에서 거절을 하지 못하고 타인에게 퍼주게 된다. 때로는 관여하지 않아도 되는 상황에서 다른 사람의 정서에 침범한다. 타인을 도와주기 위해 자기 중요한 업무를 하지 못하는 우선순위의 문제가 발생한다.

배려의 탈을 쓴 우유부단

내향국화 기질은 타인을 지나치게 배려하면 자기 존재가 없어지는 역기능에 빠진다. 조화로운 관계를 위해 자신이 원하는 것을 하지 않고 타인이 원하는 것을 하려고 한다. 타인 중심적인 삶은 어느 순간 자기 안에 싱크홀을 만든다. 그래서 내가 누구이고 무엇 때문에 이렇게 살고 있는지에 대한 의문을 가지게 된다.

내향국화 기질이 타인을 지나치게 배려하면 우유부단하게 된다. 자기 주관이 없이 타인의 말에 의해 자기 존재 가치를 평가하게 된다. 또, 주변 사람들의 말에 의해 의사 결정이 쉽게 바뀌게 되고 자신이 결정한 것에 대해 확신을 가지지 못하게 된다.

내향국화 기질은 이상을 과하게 추구하면 비현실적인 신비주의자가 될 수 있다. 자신이 원하는 이상과 반대되는 현실에 직면하면 개선하기 위해 노력하기보다 혼란스러워한다. 그래서 장애물을 극복하기 위해 투쟁하지 않고 쉽게 포기한다. 때로는 문제를 해결하기 위해 자신감을 가지고 스스로 방법을 찾지 않고 누군가가 해결해 주기를 바라기도 한다. 이들은 자존감이 낮고 이상적인 다른 사람이 되고 싶어 한다.

내향국화의 역기능을 보여주는 유비, 관우

내향국화 기질의 역기능을 잘 보여주는 인물로 삼국지에 나오는 유비(劉備)와 관우(關羽)를 들 수 있다.

관우는 지식과 인품이 뛰어난 장수였지만 다른 사람 사정 배려하느라 냉철하게 결단을 내리지 못했다. 제갈량은 관우에게 적벽대전에서 패한 조조가 돌아가는 길목인 하용도에서 매복해 있으라고 했다. 그 결과, 관우는 조조를 잡게 되었다.

관우는 제갈량에게 조조를 잡으면 꼭 죽이겠다고 약속했었다. 하지만, 정에 약한 관우는 처절하게 꿇어앉아 살려달라고 애원하는 조조를 죽이지 못했다. 이 일로 나중에 관우는 위급한 상황에서 제갈량에게 도움을 받지 못하고 제갈량의 손에 죽게 된다.

유비는 겸손과 덕망을 갖춘 군주였다. 유표가 유비에게 형주를 맡아 달라고 요구하지만, 유비는 겸손하게 거절한다. 제갈량과 부하 장수들이 형주를 맡을 것을 강력하게 권유했지만, 유표의 아들이 있는데 자신이 맡는 것이 옳지 않다는 것이었다.

유표가 죽고 그의 아들 유종이 형주 태수가 되지만, 조조가 침범하자 유종은 조조에게 항복한다. 제갈량은 유비에게 항복한 유종을 치고 형주를 탈환할 것을 제안한다. 하지만 유비는 자신이 살자고 유표의 아들 유종을 칠 수 없었다. 그로 인해 유비는 조조에게 쫓기는 신세가 되고 그 과정에서 그를 따르던 수많은 백성은 죽임을 당한다.

이런 식으로 다른 사람 배려하는 것이 과하여 주위에 있는 가까운 사람들을 돌이킬 수 없는 곤경에 빠뜨리는 경우가 종종 있다.

유비의 가장 큰 단점 중의 하나는 우유부단함이다. 이 우유부단함 때문에 후에 문제가 복잡하게 얽히게 된다. 유비는 홍부용을 사귀고 있었지만, 후에 유비의 후원자였던 미축의 소개로 여동생 미소정을 소개받는다. 다른 사람 소개받는 것을 거절해야 할 상황에, 거절을 하지 못했던 유비는 홍부용과 미소정을 오가는 양다리 연애를 한다. 결국, 유비는 두 사람과 한 날에 결혼하는 해프닝을 만든다.

외향국화의 역기능을 보여주는 서서

유비가 사마의를 만난 이후 전략적 아이디어를 가진 인재를 찾던 중 서서(徐庶)를 만나게 된다. 유비는 서서의 도움을 받아 처음으로 조조에게 승리다운 승리를 거두게 된다. 하지만 서서의 어머니는 조조가 보낸 가짜 편지에 속아 유비를 버리고 돌아온 서서의 어리석은 결정을 한탄하며 자결하게 된다.

서서는 대의보다 사사로운 정에 끌린 결정을 했다. 서서의 몸은 조조에게 붙잡혀 있지만, 마음은 유비에게 있었다. 그는 조조를 위해 절대로 일하지 않겠다고 맹세한다. 그래서 몸과 마음이 따로 움직이는 이중적인 삶을 살게 된다.

5

실제적인 결과물을 추구하라

　대나무 기질이 다른 사람들과 잘 지내려면 실제적인 결과물을 추구하는 법을 배워야 한다. 현실적인 결과물에 가장 관심이 많은 쪽은 매화 기질이다.

　대나무 기질은 비전 성취를 위한 열망이 강하고 도전적이다. 목표 의식이 강하고 주도적으로 문제를 해결해 나간다. 분석적으로 세분화하고 논리적으로 체계화한다. 새로운 지식에 개방적이며, 배우는 것을 즐겨한다. 그러나 대나무 기질이 자기 기질만을 사용하고 매화 기질을 개발하지 않으면 한쪽으로 치우쳐 균형을 잃게 된다. 그러면 대나무 기질의 특성을 과하게 사용하여 타인에게 손해를 끼치는 역기능적 행동을 하게 된다.

　대나무 기질이 지적 욕구를 강하게 추구하게 되면 이론에 치우치게 된다. 이론을 위한 이론, 논리를 위한 논리의 함정에 빠지기 쉽다. 또, 자기 이론과 논리가 다른 사람 것보다 더 정교하고 우월하기 때문에 다른 사람들의 의견을 무시하고 타협하지 않으려는 고집을 부리게 된다.

대나무 기질이 매화 기질의 실제적인 결과물을 창출하는 것을 배우게 되면 대나무 기질은 자기 이론이 실제적인 결과물을 만들어 낼 수 있는지를 검토하게 된다. 그러면 대나무 기질은 이론을 바탕으로 실생활에 필요한 것들을 만들어 낼 수 있는 창의성을 발휘하게 된다.

대나무 기질이 빠지기 쉬운 대표적인 역기능적 행동은 다음과 같다. 객관성을 과하게 추구하면 공감을 못하게 되고, 논리를 과하게 추구하면 타인을 냉정하게 대하고, 경쟁을 과하게 하면 파괴하게 되고, 개혁을 과도하게 추구하면 불안하게 되고, 지식을 과하게 추구하면 타인을 무시하게 되고, 탁월성을 과하게 추구하면 비판적이게 되고, 이론을 과하게 추구하면 이론을 위한 이론을 만들게 되고, 자립성을 강조하면 화합을 파괴하는 역기능에 빠진다. 그래서 외향대나무 기질은 파괴적이고 타인을 무시하고 수용하지 못하는 역기능에 빠지기 쉽고, 내향대나무 기질은 공감하지 못하고, 무시하고, 비현실적 이론을 추구하는 역기능에 빠지기 쉽다.

대나무 기질이 후회 없는 삶을 살려면 어떻게 해야 하는가? 그것은 자기 이론과 지식이 이론을 위한 이론, 지식을 위한 지식이 되지 않도록 주의해야 한다는 점이다.

대나무 기질에게는 지식 자체가 논리성을 가지고 있기 때문에 만족감을 줄 수 있어 결과물이 나오지 않아도 그 자체에 심적인 만족감을 느낀다. 그러므로 자기 이론이 현실에서 어떤 결과물을 만들어 내는지 크게 관심이 가지 않을 수 있다.

만약 대나무 기질이 매화 기질의 실제적인 결과물을 만들어 내는 것을 배우게 되면, 깊이 있는 지식과 이론을 바탕으로 많은 사람에게 실제적인 도움을 주는 새로운 제품을 많이 개발할 수 있게 된다. 이런 사람을 우리는 시대를 개척하는 '대나무 군자'라고 한다.

혁신의 탈을 쓴 파괴

외향대나무 기질은 다른 사람보다 더 잘하고자 하는 경쟁심이 있다. 그래서 더 높게 더 멀리 더 빠르게 목표에 도달하곤 한다. 대나무 기질이 경쟁할 때 실제적인 성과를 위해 나가지 않고 경쟁자를 이기기 위한 것이 목표가 되면 파괴적인 행동을 하게 된다.

외향대나무는 개혁적이고 혁신적이다. 새로운 변화를 주도하며 장기적인 목표를 향해 나아간다. 변화를 주도하는 외향대나무 기질은 안정을 추구하는 사람들과 갈등하게 된다. 기존의 전통을 무시한 개혁은 기득권의 엄청난 반발을 야기한다. 두 세력의 싸움으로 인해 고래 싸움에 새우 등 터지는 일들이 생긴다. 혜택을 받아야 할 사람들이 도리어 어려움에 처하는 일들이 생긴다.

외향대나무 기질의 역기능을 보여주는 조조

외향대나무 기질의 역기능을 잘 보여주는 인물로 삼국지에 나오는 조조(曹操)를 들 수 있다.

조조는 유비와 함께 14대 천자인 헌제를 모시고 사냥을 나가게 된다. 그때 헌제가 사슴을 잡는 데 거듭 실패하자, 조조는 답답한 마음에 헌제의 화살을 빼앗아 사슴을 잡게 된다. 신하들이 천자인 헌제가 사슴을 잡은 것으로 알고 '천자 만세'를 불렀다. 그러자 조조는 천자 앞에 가로 막고 서서 자신이 사슴을 잡은 것이라고 외치며 신하들의 만세를 가로채는 오만함을 보인다.

조조는 자신이 최고라는 인정을 받고 싶었다. 그래서 조조는 유비에게 '이 시대의 진정한 영웅이 누구라고 생각하느냐'는 질문을 했다. 유비가 원소를 말하자 '원소는 담이 작은 좀팽이다'고 평가했다. 원소의 동생 원술을 말하자 '원술은 거론할 가치도 없는 무덤 속의 해골 같은 놈이다'고 평가했다. 이번에는 손책을 말하자 '젖비린내 나는 애송이다'고 평가했고, 유포를 말하자 '유포는 그릇이 작다'고 평가하며, 조조는 다른 사람의 업적과 능력을 인정하려 하지 않고 무시했다.

개혁주의자인 조조는 아첨을 일삼는 간신들 때문에 나라가 망한다는 것을 알고 새로운 국가 건설을 위해 매진했다. 권위주의를 배격하고 아첨을 혐오했던 조조였지만, 그가 최고의 권력자가 되었을 때 부하들의 아첨에 물들기 시작했다. 하지만 순욱은 조조가 위공의 자리를 가지는 것은 개혁적이고 깨끗한 이미지에 맞지 않고 권력을 탐하는 자로 인식될 수 있다고 직언했다. 순욱의 직언을 들은 조조는 분노해서 순욱에게 빈 그릇을 선물로 보냈다. 충신 순욱은 더 이상 자신이 할 일이 없음을 알고 자결한다. 그 후 조조는 위왕으로 추대된다.

조조의 주치의인 태의 길평이 자신을 독살할 음모를 가지고 있었다는 것을 알고 같이 반역을 모의한 국구 동승과 왕자복을 비롯한 그들 가족 742명을 하루에 모두 몰살시킨다.

조조는 과하게 의심하는 역기능에 빠졌다. 새 왕궁을 짓기 위해 양용담 있는 배나무가 필요했는데 어느 누구도 그 나무를 자르지 못했다. 답답했던 조조는 자신이 직접 칼로 자른다. 그때부터 조조는 악몽에 시달린다. 신하들은 화타라는 명의를 추천했다. 화타는 마취를 하고 머리 수술을 받아야 한다고 알려주었지만, 조조는 암살될 것을 두려워했다.

조조는 화타가 관우의 원수를 갚기 위해 자신을 죽이려 한다고 생각하여 화타를 옥에 가두고 모진 고문을 하였다. 결국, 화타는 고문 때문에 죽고 만다. 그러자 조조는 어느 누구의 치료도 받지 못하고, 병이 심해져 66세의 나이에 죽게 된다.

지식의 탈을 쓴 무시

내향대나무 기질은 논리적이다. 논리성을 과하게 추구하면 다른 사람의 정서를 감지하는 능력이 떨어진다. 슬픈 영화를 봐도 감동이 없고 옆에 슬픔에 잠긴 사람이 있어도 자신과는 상관없는 일로 치부한다. 가까운 사람이 공감해 달라고 요청해도 문제의 원인을 분석하는데 더 치중한다. 그래서 이들은 비합리적 감정을 존중하지 않고, 감정도 논리적으로 이해될 때 수용하려는 태도를 가진다.

내향대나무 기질은 독립적이다. 스스로 자기 일을 처리하고 다른 사람에게 의존하지 않는다. 외부의 압박에 개의치 않고 평정심을 유지한다. 또, 다른 사람과 같이 일하는 것을 불편해하고 혼자 일하는 것을 더 좋아한다. 즉, 자기중심적이고 이기적이라고 볼 수 있다.

내향대나무 기질은 이론적이다. 논리적 체계성으로 이론을 확립하기 좋아한다. 이론을 적용했을 때 어떤 결과물이 나오는지 검토하지 않고 이론만을 과하게 추구하면 이론을 위한 이론 논리를 위한 논리의 함정에 빠진다. 이들은 이론을 현실에 적용하는 것은 부담스러워하기도 한다.

내향대나무 기질은 이론이 합리적이면 그 자체로 만족감을 느낀다. 그것이 현실에서 어떤 결과물을 창출할 것인가는 부차적인 문제이다. 그래서 똑똑하지만 현실에서 쓸모없는 이론을 만드는 사람이 될 수 있다.

내향대나무의 역기능을 보여주는 제갈량

내향대나무 기질의 역기능을 잘 보여주는 인물로 삼국지에 나오는 제갈량(諸葛亮)을 들 수 있다.

제갈량은 조조를 살려준 관우를 죽이려고 했다. 하지만 유비와 장비가 간곡히 살려달라고 애원했다. 제갈량은 할 수 없이 관우를 살려주었다. 그러나 관우가 어려움에 처했을 때 제갈량은 도와주지 않는다. 결국, 군사 지원을 받지 못한 관우는 죽고 만다. 제갈량은 관우에게 조조를 살려둔 것에 대한 소극적 보복을 한다.

후에 관우, 장비, 유비가 모두 죽고 난 뒤 촉나라의 모든 실권은 제갈량이 가지게 된다. 하지만 촉나라는 더 이상 성장을 이루지 못하고 삼국 통일도 이루지 못한다. 이것은 아무리 좋은 전략과 지략을 가지고 있어도 그 이론을 뒷받침해 줄 실전 용사들의 협력이 중요하다는 것을 보여준다.

5장

왜 사군자
기질검사인가?

사람의 기질은 원천적으로 타고난 특성이므로 좋고 나쁜 것을 구분하지 않는다. 하지만, 성격은 정상과 비정상을 구분한다. 그래서 대부분의 성격검사는 병리적인 부분을 다룬다.

사군자 기질검사는 인간의 긍정적인 특성에 초점을 맞추고 있다. 그래서 모든 기질을 군자로 명명한다. 사군자 기질검사는 어렵고 난해한 기질적 개념을 우리가 익히 알고 있고, 흔히 볼 수 있으며, 자연과 연결시켜 쉽게 이해할 수 있다. 나를 이해하고 너를 이해하고 우리를 이해하는 것이 확대된다면, 좀 더 좋은 나라, 좀 더 나은 세상이 될 수 있을 것이라고 기대한다.

1
쉽게 이해하고
오래 기억하는 검사

　필자는 19년 동안 약 2,500회의 MBTI 강의를 했다. 하지만, 강의할 때마다 아쉬운 것이 있었다. 강의에 참여한 사람들이 MBTI의 16가지 유형을 구분하기 어려워한다는 것이다. 또, 이 검사에는 16가지 유형이 많을 뿐만 아니라 각 유형은 네 개의 코드로 조합되어 있어 복잡해 했다. 성격 유형을 공부하는 것은 유형에 따른 성격 차이를 이해하고 갈등의 원인을 파악해서 현실에 적용하기 위함이다. 그런데 유형의 구분이 어렵고, 복잡하다 보니 대부분 해결책을 찾아 적용하기 어려워했다. 사람이 성격이 서로 다르다는 것을 인지하는 선에서 멈추어 버리는 경향이 있었다.

　실제로 MBTI에 대해 전문적으로 공부하거나 학식이 있는 사람들은 어느 정도 이해하지만, 일반인들은 자기 유형도 기억하지 못하는 사람들이 많았다. 자신의 유형을 기억하지 못한다는 것은 다른 사람의 유형을 구분하지 못한다는 의미이다. 자신과 타인이 무엇이 다르고 무엇이 갈등의 원인이 되는지 분석하지 못하고 해결책을 찾지 못한다는 것이다.

데이비드 커시(David West Keirsey)는 상담자이자 임상심리학자이다. 그는 저서 《*Please understand me*. California : Prometheus Nemesis book company(1984)》에서 네 가지 기질 이론을 소개했다.

커시는 사람을 네 가지 기질로 구분하는 것이 융의 심리유형 이론보다 더 쉽고 용이하다고 보았다. 융의 심리유형론은 눈으로 관찰하기 어렵지만, 기질은 그 사람의 행동에 지문을 남기는 것과 같아서 눈으로 쉽게 관찰할 수 있기 때문이었다.

그는 히포크라테스 이후 많은 학자가 사람을 네 가지 유형으로 구분하는 것에 관심을 가졌다. 그래서 그는 오랜 관찰을 통해 사람의 기질을 보호자 기질, 예술가 기질, 이상가 기질, 합리론자 기질로 구분하는 기질 이론을 만들었다. 사군자 기질 분류는 커시의 기질 이론을 기초로 해서 만들었다.

2

믿을 수 있는 검사인가?

사군자 기질검사의 개발은 '경험자료 수집 및 예비문항 선정 단계', '1차 예비검사 단계', '2차 예비검사 단계', '본 검사 및 타당도 검증 단계' 네 가지 단계를 거쳐 이루어졌다.

먼저, 경험자료 수집 단계에서는 2008년 11월부터 2012년 6월까지 전국 성인 230회 약 7,414명을 대상으로 실시한 기질 관련 교육활동에서 도출한 경험적 자료를 활용하였다. 외향-내향 관련 예비문항은 같은 기간 350여 회 전국 성인 약 10,500여 명 대상으로 실시한 MBTI 교육활동 중 외향-내향 그룹 토의에서 추출한 경험적 자료를 활용하였다. 교육현장에서 나온 기질별 토론결과 및 문헌연구에서 나온 기질 특성들을 토대로 기질 척도 50개 문항과 외향-내향 척도 25개 예비문항을 개발하였다.

1차 예비검사는 성인남녀 227명을 대상으로 검사를 실시하였고, 그 자료를 토대로 요인분석을 실시하여 네 가지 기질 요인을 도출하였다.

2차 예비검사는 4명의 전문가에게 내용타당도 검증을 거쳐 기질 척도 20개 문항과 외향-내향 척도 20개 문항으로 구성된 검사를 제작하여 성인남녀 1,066명을 대상으로 조사하였다. 문항들의 평정자료를 토대로 탐색적 요인분석을 통해 기질 척도 16개 문항과 외향-내향 척도 16개 문항을 선별하였다.

최종적으로 개발된 사군자 기질검사는 성인남녀 575명을 대상으로 확인적 요인분석을 통해 네 가지 기질 모형이 타당한 모형임을 입증하였다. 또한, 타당도 검증을 위해 성인남녀 300명을 대상으로 MBTI 성격유형 검사와의 상관관계를, 275명을 대상으로 TCI 기질 및 성격특성 검사와의 상관관계를 살펴보았다.

사군자 기질검사 네 가지 구인은 교육현장에서 도출된 경험적 자료와 커시의 네 가지 기질 이론의 문헌에서 도출된 개념을 통합하여 문항을 제작하였고, 심리측정 제작의 원리를 따라 척도를 개발하였다. 또한, 커시의 네 가지 기질 분류를 한국인의 정서가 녹아있는 사군자 분류로 개념화하여 누구나 쉽게 커시의 기질 이론을 이해하고 활용할 수 있도록 체계화하였다. 그래서 네 가지 기질에 외향-내향을 더하여 8가지 기질로 세분화하여 각 기질의 차이와 역동을 더 면밀하게 볼 수 있도록 하였다. 뿐만 아니라 기질 요인 간 상관 분석을 통해 커시가 언급한 반대 기질의 관계를 통계적으로 확인함으로써 갈등이 많은 기질 관계의 패턴을 예측할 수 있도록 하였다.

사군자 기질검사는 문항을 개발하는 과정에서 문장 검사가 아닌 단어 검사로 개발했다. 단어를 사용하는 것이 기질의 경향성을 더 정확하게 측정할 수 있을 것으로 기대하였기 때문이다. 단어를 사용하는 것이 문장을 사용하는 것보다 주의가 덜 분산되며 다양한 해석이나 의식적·무의식적 검열의 영향을 덜 받는 것으로 보고되었다 (Myers 외, 《MBTI 개발과 활용》, 심혜숙 외, 한국심리검사연구소, 1995, p204)

피검자들이 문장으로 된 문항을 응답할 때 자주 그 문항이 묘사하는 마지막 상황의 경험을 기억하여 그 기억에 한정된 답을 하는 경향이 있지만, 맥락을 제거하고 단어를 제시하면 개인의 일반적인 경향성을 더 잘 볼 수 있다고 하였다(김정택, 심혜숙, 《MBTI 질문과 응답》, 한국심리검사연구소, 1995).

기질은 상황적인 상태의 응답보다 한 개인의 타고난 경향성을 보는 것이므로 문장보다 상황의 영향을 덜 받는 단어가 더 적합한 것으로 판단했다. 또한, 단어를 사용하면 짧은 시간에 더 많은 문항을 검사할 수 있다는 장점이 있다.

사군자 기질검사를 하는데 소요되는 평균 시간은 약 5분이다. 검사 시간은 짧고 간편하게, 해석은 알기 쉽고 풍요롭게 하는 것이 이 검사가 추구하는 방향이다.

원래 사군자 기질검사는 누군가의 연구에 의해 체계화된 방식은 아니다. 중국의 춘추전국시대에 있었던 네 명의 군자에서 시작된 이름이다.

시기적으로 사군자는 커시가 기질 이론을 만들기 훨씬 이전에 존재했다. 놀라운 것은 다른 시대, 다른 문화적 배경을 가지고 있음에도 커시의 네 가지 기질 이론과 사군자는 아주 유사한 공통점을 가지고 있다. 기질은 시대와 관계없이 보편적이고 일관성 있게 나타난다고 했던 커시의 말을 증명이라도 하는 것 같다. 포노넌과 애슈턴(Paunonen, S. V. & Ashton, M. C., "The structured assessment of personality across cultures", Journal of Cross-Cultural Psychology. 29(1), 1998, p150-170) 역시 기질은 매우 강한 생물학적 기반을 가지고 있어 특정 문화나 환경과는 상관없이 나타나는 독립적이고 보편적인 심리적 특성이라고 했다.

커시의 기질 분류와 사군자를 비교해 보면 기질이 문화나 시대에 상관없이 인간에게 나타나는 보편적인 특성임을 알 수 있다. 커시의 네 가지 기질 이론을 외울 수 있지만, 사군자의 옷을 입히면 외울 필요가 없이 눈에 보이는 것으로 해석할 수 있다.

사실 사람의 기질을 이해하는 것은 어렵다. 어려운 기질 이론을 한국 사람들이 잘 알고 있는 사군자 이미지로 쉽게 이해되도록 한 것이 사군자 기질이다. 이것은 마치 한자를 배우는 사람에게 한글을 배우게 하는 것과 같아서 사람의 기질을 이해하는데 필요한 많은 시간과 노력을 줄여 준다.

3

한국인의 기질 분포

필자는 일반 성인 10,186명의 결과를 분석해 보았다. 가장 많은 분포를 가진 기질은 내향매화 26.1%, 내향국화 16.4%, 외향국화 15.9% 순이었는데, 내향매화 기질이 다른 기질에 비해 비중이 높았다.

가장 적게 나온 기질은 내향대나무 5.8%, 외향대나무 6.1%, 내향난초 6.4% 순이었다. 우리나라 성인 중 내향매화 기질의 분포가 가장 높다는 것은 보수적이고 안정 지향적인 성향이 많이 분포한다는 것을 보여준다.

국화 기질이 그 뒤로 높은 분포를 보여 주고 있는데, 이는 다른 사람을 배려하고 정을 추구하는 사람들의 분포가 많다는 것이다. 이는 실제적인 결과물을 안정적으로 추구하면서 다른 사람을 배려하는 것을 중시하는 사람들이 많다는 것을 알려준다.

반면, 대나무 기질의 분포가 적은 것은 변화와 개혁을 추구하는 사람들의 분포가 상대적으로 적다는 것이다. 이는 급진적인 사회변화를 추구하는 것은 소수의 목소리가 된다는 것을 보여주고, 내향난초 기질이 가장 적은 분포를 나타내는데 이는 우리나라 사람들 가운데 여유롭고 한가로운 생활을 추구하는 사람들이 적다는 것을 보여준다.

성인 사군자 기질검사 분포도(총 10,186명)

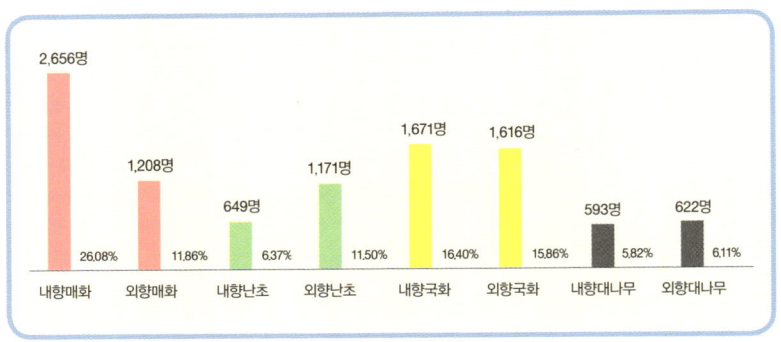

성인 10,186명 중 외향은 4,617명으로 45.3%의 분포를 보였고, 내향은 5,569명으로 54.7%의 분포를 보였다. 내향이 외향보다 9% 정도 많이 분포하는 것으로 성인들은 내향적인 특성을 가진 사람들이 조금 더 많은 것으로 나타났다.

대학생들 545명의 결과를 분석한 결과 외향국화 20.2%, 외향난초 19.6% 순으로 많이 나왔다. 중·고등학생들은 외향난초가 많지만, 대학생들은 외향난초와 외향국화가 비슷한 분포를 보였다. 대나무 기질은 가장 낮은 분포를 보였고, 매화 기질 분포는 내향매화 기질 14.7%로 중간 정도의 분포를 보였다.

대학생 사군자 기질검사 분포도(총 545명)

대학생들은 외향 55%, 내향 45%로 성인보다 외향이 10% 더 분포했다.

중·고등학생 1,876명을 대상으로 한 사군자 기질검사 결과를 분석한 결과 가장 많은 분포를 보인 기질은 외향난초 32.4%, 외향국화 19.1% 순이었다. 대나무 기질은 성인과 마찬가지로 내향대나무 5.3%, 외향대나무 6.1%로 낮은 분포를 보였다. 성인들에게 높은 분포를 보인 내향매화 기질은 7.8%로 낮은 분포를 보여 대조를 보였다.

중·고등학생들은 활동적이고 자유로움을 추구하는 기질이 많이 분포하고 있다. 그래서 학생들이 즐겁고 행복하게 학교 생활할 수 있는 환경을 만드는 것이 시급한 것으로 보인다. 현재의 입시 위주의 교육 환경은 외향난초들이 아주 싫어하는 환경이다.

외향난초 기질은 재미와 활동을 추구하기 때문에 이론보다 실습과 경험을 통해 배우고 학습하기 좋아한다.

중·고등학생 사군자 기질검사 분포도(총 1,876명)

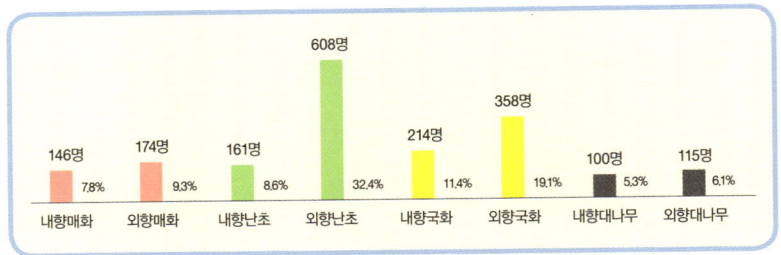

중·고등학생 1,876명은 외향 1,255명으로 약 67%, 내향 621명 약 33%의 분포를 보였다. 성인들은 내향이 조금 많았지만, 학생들은 외향적인 성격이 훨씬 많이 나왔다. 자기 생각을 말로 표현하기 좋아하고 활동적인 성향을 가진 학생들이 더 많다는 것을 보여준다. 즉, 어릴수록 외향의 분포가 높고 나이가 들수록 내향의 분포가 높게 나온다는 것을 알 수 있다.

4

성격과 기질의 차이는 무엇인가?

성격과 기질은 모두 인간의 개인차를 분별하게 하는 개념이라는 측면에서 공통점을 가진다. 기질은 태어나면서부터 관찰되는 특성이지만, 성격은 환경과의 상호작용에서 나타나는 개인의 습관적인 행동 양식으로 구분된다.

성격은 타고난 기질적 특성과 환경과의 상호작용에서 나타나는 특성으로 규정할 수 있다. 성격을 형성하는 기반이 되는 것이 기질이다.

성격은 학습과 사회화의 영향으로 17세를 전후해서 자리를 잡지만, 기질은 어린아이 때부터 두드러지게 나타난다. 기질은 부모로부터 유전이 되는 것으로 보지 않고, 개인이 고유하게 가지고 태어나는 특성으로 본다.

클로닌저(Cloninger, C. R., "A systematic method for clinical description and classification of personality variants: A proposal", Archives of General Psychiatry, 44, 1987, p573-588)는 인성(Personality)을 이루는 두 개의 큰 구조로 기질(Temperament)과 성격(Character)으로 구분하여 설명했다.

기질은 인성 발달의 원재료이며 기본 틀, 자극에 대해 자동적으로 일어나는 정서적 반응 성향을 다분히 유전적으로 타고나며 일생동안 안정적인 속성을 가진 것으로 보았다. 반면, 성격은 개인의 어떤 목표와 가치를 추구하며, 자신을 어떤 사람으로 이해하고 동일시하는가에 대한 자아개념에서의 개인차와 관련된 것으로 보았다.

또, 그는 기질이 환경과의 상호작용에 의해 성격이 형성되고, 성격은 사회문화적 학습의 영향을 받으며 일생동안 지속적으로 발달하는 것으로 보았다. 하지만 기질과 성격을 구분하고 유전적 영향과 환경적 영향을 구분하여 인성 발달에 미치는 요인을 이해하려고 했다.

로스바트(Rothbart, M. K., "Temperament, Development, and personality. Current Directions in Psychological Science", Association for psychological Science 16(4), 2007, p207-212)는 기질이 환경과의 경험을 통해 성격으로 발달하는 것으로 보았으며, 개인의 성격 발달을 이해하는데 중요한 요소가 된다고 하였다. 또한 기질이 발달해 형성된 성격은 한 개인의 가치, 태도, 대처 양식, 자신과 타인에 대한 사회 물리적 세계에 대한 개념과 발달에 영향을 미친다고 하였다.

루터(Rutter, M., "Temperament, personality, and personality disorder", British Journal of Psychiatry, 150, 1987, p443-458)는 개인의 기질적 경향성이 특정한 상황에서 구체적인 투사로 드러나는 것을 성격으로 보았다. 커시(Keirsey, D. W., Please understand me Ⅱ: Temperament character intelligence. Del Mar, California : Prometheus Nemesis book company, 1998, p17)는 성격을 기질(temperament)과 특성(character)으로 구분하였다. 기질이 어느 한쪽으로 기울어짐이라면 특성은 그러한 기울어지는 습관이라고 표현했다. 또, 기질이 인간 본성의 타고난 형태라면 특성은 기질과 환경의 상호작용에 의해 나타나는 형태라고 구분했다.

종합해보면, 기질이 환경의 영향을 덜 받는 유전적이고 일생동안 지속적이고 안정적으로 드러나는 인간 본성적인 것이라면, 성격은 기질이 환경과의 상호 작용에 의해 구체적으로 드러나는 형태이며 일생동안 발달하는 특성이 있다고 할 수 있다.

6장

네 가지 기질이
사군자 옷을 입다

입은 옷을 보면 그 사람이 어떤 무슨 일을 하고 있는지 알 수 있다. 법관, 의사, 경찰, 군인, 승무원 등은 누구나 쉽게 구분할 수 있는 특정 옷을 입는다. 그들이 입은 옷을 보면 그 사람을 개인적으로 몰라도 무슨 일을 하는지 알 수 있고, 그 직업과 연관된 많은 정보를 유추할 수 있다. 네 가지 기질에 사군자 옷을 입히는 것은 익히 알고 있는 사군자를 통해 기질의 특성을 쉽게 유추할 수 있도록 할 수 있기 때문이다. 사군자는 그림으로 구분이 되고, 실제적인 식물이 있으며, 사계절과 밀접한 관련이 있어 기질 특성을 이해할 수 있는 다양한 정보를 제공해 준다.

1

기질과 사군자의 천생연분

이 검사의 이론적 배경은 커시의 기질 이론(Keirsey Temperament Theory)과 융의 심리유형론(Psychological Type)에 나오는 외향-내향에 기초한다.

사군자 기질검사는 우리나라 사람들이 쉽게 이해할 수 있도록 커시의 기질 이론에 사군자라는 옷을 입히고 네 가지 기질의 정교한 해석을 위해 각 기질을 외향-내향으로 구분한 것이다.

커시는 사람의 기질을 구분할 때 그리스 신화에 나오는 인물을 활용했다. 그래서 의무를 중시하는 에피메테우스 같은 사람을 보호자 기질(Guardian), 즐거움을 중시하는 디오니소스 같은 사람을 예술가 기질(Artisan), 영혼을 중시하는 아폴로 같은 사람을 이상가 기질

(Idealist), 과학을 중시하는 프로메테우스 같은 사람을 합리론자 기질 (Rational)이라고 불렀다(Keirsey, D. W., 앞의 책, p26).

이 사군자 기질은 보호자 기질(Guardian) 대신에 매화 옷을, 예술가 기질(Artisan) 대신에 난초 옷을, 이상가 기질(Idealist) 대신에 국화 옷을, 합리론자 기질(Rational) 대신에 대나무 옷을 입혀 사람들이 이해하기 쉽게 만들었다. 군복, 간호복, 경찰복, 교복 등 제복을 입은 사람을 보면 우리는 그 사람이 무슨 일을 하는지 묻지 않아도 알 수 있듯 말이다.

2

보호자 기질에게
잘 어울리는 매화 옷

커시의 보호자 기질을 요약하면 다음과 같다.

보호자 기질은 자기가 맡은 일을 충실하게 하며, 사회를 지키고 보호한다. 사회적 규범과 질서를 존중하고 사회제도와 계층적 구조의 필요성을 강조한다. 신용을 최우선으로 하여 다른 사람에게 한 말은 꼭 지키려고 하고, 안정적이고 예측 가능한 것을 좋아하며, 과거의 경험을 통해 얻은 지식을 활용해서 실제적인 결과물을 얻는 일을 좋아한다. 하지만 이 기질은 입증되지 않는 방식으로 일하는 것을 주저해 새로운 변화를 부담스러워하는 경향이 있다.

또, 정리정돈을 체계적으로 잘하며, 계약, 관례, 시간 엄수를 중시한다. 입증된 사실을 취급하기 원하며 그 사실에 입각해 조직의 목표를 달성하려고 한다. 이론적이고 추상적인 것이나 장기적인 일에는 관심이 적다. 대체로 기능성과 활동성을 고려한 깔끔하고 눈에 띄지 않는 평범한 스타일을 선호한다.

모든 자연의 세계가 질서를 따라 움직이듯이 규칙에 따라 돌아가는 것을 좋아한다. 안정된 가정과 사회를 위해 법과 질서를 준수하며, 자신에게 맡겨진 일에 책임과 의무를 다하는 충실한 사람들이다. 이들은 구체적인 정보를 바탕으로 정확한 결과물을 얻고자 한다. 그래서 일하기 전에 준비를 많이 한다. 게으르고 무책임한 사람을 싫어하며, 네 가지 기질 중 가장 보수적인 성향의 사람들이다.

보호자 기질에 매화의 옷을 입히면 잘 어울리고 기질의 특성이 더욱 이해하기 쉬워진다.

보호자 기질은 부모의 마음을 가지고 사람과 조직을 대하는 사람들이다. 보호자는 힘들고 어려운 일이 있어도 참는다.

사군자 중에 매화는 인내를 상징한다. 매화는 매서운 추위 속에서 꽃망울을 맺고 있다가 봄이 올 때 가장 먼저 꽃을 피운다. 추위를 이기고 가장

먼저 꽃을 피우는 특성 때문에 어려운 환경에서도 자신을 지키는 군자, 지조 있고 고상한 여인에 비유되기도 한다(이선옥, 《사군자, 매란국죽으로 피어난 선비의 마음, 돌베개》, 2011, p21).

안민영의 시조인 '매화사'를 보면, '연약하고 엉성한 가지이기에 어찌 꽃을 피울까 하고 믿지 아니하였더니 눈 올 때 피겠다고 하던 약속을 능히 지켜 두세 송이가 피었구나. 촛불 잡고 너를 가까이 완상(玩賞)할 때 그윽한 향기는 방안을 떠돈다'고 노래하고 있다(이어령 책임편찬, 《매화》, 도서출판 종이나라, 2005, p65). 이 시는 눈 속에서 견디는 내한성(耐寒性)과 다른 꽃보다 일찍 피는 성질은 매화의 강인한 참을성을 보여준다.

동지섣달에 피는 매화를 조매(早梅), 한매(寒梅), 동매(冬梅), 설중매(雪中梅) 등으로 부른다. 일 년 중 가장 먼저 핀다고 하여 화형(花兄), 백화형(百花兄), 화형국제(花兄菊弟)라고 하고, 꽃의 우두머리라는 뜻으로 화괴(花魁)라고도 한다(이어령 책임편찬, 앞의 책, p20).

커시는 보호자 기질을 개미에 비유했다. 더운 여름 힘들고 놀고 싶지만, 참고 인내하여 부지런히 겨울을 준비하는 모습으로 설명했다.

보호자 기질은 게으른 사람을 아주 싫어한다. 이들은 움직일 힘만 있으면 죽을 때까지 일하는 것을 멈추지 않는다.

강희안은 양화소록에서 매화에 대해 운치와 품격이 있으며, 줄기가 구불구불 뒤틀리고, 늙은 가지가 괴이하게 생긴 것이 더욱 진귀하

우봉(又峰) 조희룡(趙熙龍) 작품 중에서 (사진 출처=국립중앙박물관)

여 높은 풍치와 뛰어난 운치를 가지고 있다고 했다(이어령 책임편찬, 앞의 책, p165). 홍대연의 묵매, 이 부인의 월매도, 신사임당의 고매첩, 어몽룡의 월매, 송민고의 묵매, 심사정의 월매, 김홍도의 노매의 그림에서 볼 수 있는 공통점은 나무줄기의 모습이 뒤틀리고 부러진 모습이다. 마치 더 이상 살아있을 것 같지 않은 죽은 나무 같이 보인다. 그런데 그런 고목이 꽃을 피우고 열매를 맺는다. 오랜 세월 풍파를 견뎌낸 굴곡진 나무에서 핀 꽃의 모습에서 우리는 포기하지 않고 참고 견뎌내는 인고의 덕을 볼 수 있다.

커시는 보호자 기질을 에피메테우스에 비유했다. 판도라 때문에 엄청난 질병과 고통을 당하지만, 그녀를 버리지 않고 끝까지 보호하고 책임져 주는 에피메테우스같이 헌신하는 사람이라고 했다. 에피메테우스는 판도라와 같이 사는 것을 자기 운명으로 받아들인다.

　동양에서 생각하는 눈 속에서 핀 매화는 꽃 자체의 아름다움보다 그 속에 담긴 뜻이 더욱 귀하다. 그래서 옛사람들은 거기서 고난과 시련의 의미를 찾았다.

　오달제의 '설매도'는 눈보라에 끝이 부러진 줄기에 하얀 눈을 맞고 서도 의연하게 서서 작고 예쁜 꽃을 피워 낸 모습이다(이선옥, 앞의 책, p120). 안민영은 매화사에서 '빙자옥질이여 눈 속에 피어난 매화 너로 구나, 온 세상이 눈에 덮여 있는데 제 어찌 감히 필 것인가 알겠구나! 백설 속에서도 봄인 양 하는 것은 매화밖에 또 누가 있으랴'고 매화 의 강인함을 노래했다(이어령 책임편찬, 앞의 책, p249).

탄은(灘隱) 이정(李霆) 작품 중에서 (사진 출처=국립중앙박물관)

늦은 겨울에 매화꽃이 피는 것을 보면 봄이 다가온다는 것을 알 수 있으므로 매화는 봄의 상징으로 여겨졌다(이선옥, 앞의 책, p22).

봄이 되면 농부들은 새벽부터 일어나 밭을 갈고 씨를 뿌린다. 봄은 한 해의 농사를 준비하는 시기이다. 봄에 씨를 뿌리지 않으면 한 해의 농사를 망치게 된다. 한 해의 농사는 봄에 어떻게 준비하느냐에 달려 있다. 봄은 보릿고개라는 말이 있을 정도로 배고픈 계절이다. 잘 계획하고 확실하게 준비하지 않으면 내년 봄에 굶어야 한다.

보호자 기질은 준비성이 철저한 기질이다. 앞으로 일어날 수 있는 위험성에 대비하느라 많은 시간을 준비하는 것으로 보낸다. 다른 기질에 비해 만일에 일어날 수 있는 변수에 대해 걱정한다. 보호자 기질은 수익성이 떨어지더라도 원금을 보장해 주는 금융 상품에 투자하려는 경향이 있다.

매화가 지면 매실이 열린다. 매실은 그냥 먹을 수 없어 오랜 시간 동안 담거나 요리를 해야 먹을 수 있는 과실이다. 일반적인 과일들이 바로 먹을 수 있는 것과 반대로 매실은 먹기 전에도 인내가 필요하다. 열매는 눈으로 보고 손으로 잡을 수 있는 실제적인 결과물이다. 사군자 중에 유일하게 실제적인 결과물을 내는 것이 매화이다. 커시는 보호자 기질이 실제적인 결과물을 산출하는 일을 선호한다고 했다.

보호자 기질은 눈에 보이지 않는 이상과 꿈을 좋아하지 않는다. 이들은 비현실적이고 뜬구름 잡는 이야기를 싫어한다. 그래서 보호자 기질을 설득하려면 결과물을 만들어 낼 수 있는 구체적인 자료를 근거로 제시해야 한다. 자신이 시간과 돈을 투자하였으면 얻을 수 있는 것이 무엇인지 분명하게 알고 싶어 한다.

매화는 마감 시간에 민감하다. 매화가 눈을 맞으며 빨리 꽃을 피우는 가장 중요한 이유는 마감 시간을 지키기 위함이다.

매화는 책임감 때문에 자기 열매를 여름에 수확하는 것을 용납하지 못한다. 매화는 짧은 봄에 열매를 수확하기 위해 봄이 되기 전, 잎이 나오기 전에 꽃을 피우는 고생을 감내한다. 그렇게 해서 봄이 끝나는 5월 말에 매실을 수확할 수 있도록 준비한다. 결국, 매실이 익을 때까지 기다릴 수 없어 청매실을 수확한다.

커시는 보호자 기질이 자신이 한 말은 꼭 지키려고 하며, 신용을 최우선으로 생각하는 사람이라고 했다. 보호자 기질은 다른 사람에게 신뢰를 주며, 계약, 관례, 시간 엄수를 중시한다. 마감 시간을 지키지 않는 사람을 게으르고 무책임한 사람으로 치부한다.

홍대연의 묵매, 이 부인의 월매도, 이몽룡의 월매, 김홍도의 노매 등 모든 매화 그림에서 느낄 수 있는 정서는 사랑스러움과 아름다움보다 고뇌와 무거운 상처들이다. 매화 그림에서 보이는 정서는 인고의 흔적이다. 대부분의 매화는 난초를 바라보며 나도 저렇게 멋지게 살아야 했는데 하고 후회한다. 자기 삶을 돌아볼 때 기억에 남아있는 것은 고생스러웠던 과거 기억들뿐이다.

커시는 보호자 기질이 마치 판도라가 금지된 상자의 뚜껑을 열어 온갖 악한 것들이 세상에 나오게 만들었을 때 판도라 곁을 떠나지 않고 그녀를 지킨 에피메테우스 같은 삶을 산다고 했다.

보호자 기질은 의무는 다했지만, 결과적으로 재미있는 삶은 아니다. 뒤늦게 후회가 되어 인생을 즐겨보려고 집을 나서지만, 다리에 힘이 없어 제대로 다니지도 못한다. 설사 돈이 있다 하여도 쓸 수 있는 건강이 허락지 않는다.

외향매화 기질 특성

팀 책임감

외향매화 기질은 자기 일 뿐만 아니라 조직에 대한 책임감이 남달라 성실과 근면함으로 앞에서 본을 보인다. 외향매화 기질은 내향매화 기질보다 조직 전체에 더 관심이 많다. 팀의 목표를 자기 목표로 받아들인다. 다른 사람들도 팀의 목표를 자기 목표로 받아들이길 요청한다. 그래서 모든 팀 구성원이 책임감을 공유하길 원한다.

빠른 결과를 추구

외향매화 기질은 맡은 일을 빨리 마무리한다. 모든 에너지를 결과 창출에 집중한다. 사람들이 한마음으로 연합할 수 있도록 구조화하고 관리한다. 강한 추진력으로 일이 마무리될 때까지 밀어붙인다. 이 과정에서 다른 사람들의 개인 사정은 크게 고려하지 않는다. 외향매화 기질은 마감 시간에 민감하다.

마감 시간에 민감하다 보니 당연히 계획했던 시간 안에 완수하지 못하는 것을 싫어한다. 마감 시간 안에 결과를 도출하지 못하면 그 일을 맡은 사람에게 책임을 지게 한다. 느린 성향의 사람에 대한 인내심이 부족해 빨리하도록 다그치는 경향이 있으며, 의사결정이 느린 사람에게 빨리 결정해 달라고 요청한다.

철저한 계획

외향매화 기질은 정확한 마무리를 위해 미리 계획을 철저하게 세운다. 이들은 추진 과정에서 생길 수 있는 변수까지 계획에 포함시킨다. 오차 없이 정확하게 마무리되는 것에서 만족감을 느낀다. 정확한 목표 달성을 위해 철저한 계획과 세밀한 관리에 신경을 쓴다. 계획 없이 사는 사람을 싫어한다. 그래서 이들은 계획 없이 사는 사람은 목표를 이룰 의지가 없고 꿈도 없는 사람으로 생각한다.

내향매화 기질 특성

인내와 끈기

내향매화 기질은 자신에게 주어진 일을 묵묵히 하는 사람이다. 매화가 차가운 겨울 한파를 이기고 이른 봄에 꽃을 피우는 것처럼 부지런하고 어려움을 참고 견딘다. 매화가 봄을 알리는 꽃, 새벽을 알리는 꽃으로 알려져 있듯이 내향매화 기질은 새벽부터 저녁 늦게까지 자신이 맡은 일은 끝까지 마무리하려고 한다.

매화 그림에서 알 수 있듯이 부러지고 뒤틀린 투박한 매화나무 줄기에서 피는 매화꽃처럼 인생 여정에서 여러 가지 어려움과 난관이 있어도 참고 견디면서 꽃을 피우고자 한다.

내향매화 기질은 조직 내에서 조용하지만 꼼꼼한 리더십을 발휘한다. 그래서 사람들이 이들의 능력을 알아차리기까지는 상당한 시간이 걸린다. 이들은 시간이 지날수록 인정을 받으며 사람들로부터 진국이라는 평가를 받는다. 이들은 좀 어렵다고 엄살 피우거나 중도에 쉽게 포기하는 사람을 싫어한다.

구체적인 정보

내향매화 기질은 현실적 사리 분별력이 뛰어나고 구체적인 정보를 꼼꼼하게 검토한 후에 일을 진행한다. 정보가 부족하면 일을 시작하기 꺼린다. 작고 사소한 일에 대해서도 상세하게 기억하며 데이터를

신뢰하며 실제 사례를 인용하기 좋아한다.

때로는 필요 이상의 정보를 꼼꼼하게 수집하고 기억하여 사람들에게 너무 신중하다는 평가를 받는다. 내향매화 기질은 충동적으로 결정하고 움직이는 것을 싫어하며 정확한 정보를 바탕으로 세밀한 단계를 설정한 후에 움직인다. 그러나 급격한 변화에 스트레스를 많이 받으며, 변화를 주도하기보다는 안정을 추구하는 보수적인 성향을 보인다.

내향매화 기질은 한 우물을 파는 사람들이며 우물을 파기 전에 오랜 시간 어디를 팔 것인지를 여러 각도에서 신중하게 검토하고 또 검토한다.

책임감

봄이 되면 농부들은 한 해의 농사를 준비한다. 봄은 꽃구경 가기에 좋은 계절이지만, 농부들은 한 해의 농사를 준비하느라 즐길 마음의 여유가 없다. 짧은 봄의 시간은 농부들에게 여유롭게 꽃구경 가는 시간이 아니라, 해야 할 일을 꼭 해야 하는 계절이다.

봄의 특성을 가진 매화 기질은 자신이 하고 싶은 것보다 해야 할 일에 더 많은 신경을 쓴다. 자신이 하고 싶은 것이 무엇인지 잘 생각하지 않고 조직의 안녕을 위해 자신이 해야 할 일이 무엇인지 먼저 생각한다. 의무감이 우선순위에 있는 매화 기질은 일을 즐기기보다 해야 하는 일을 평생 동안 하게 된다. 노년이 되었을 때 하고 싶은 것을 하지 못한 자기 삶을 후회하는 경향이 있어 가슴에 한이 맺힐 수 있다. 하고 싶은 것과 해야 하는 일의 균형을 잘 맞추기 위해 먼저 자신을 위한 시간과 돈을 따로 떼어 놓아야 한다.

안정적

내향매화 기질은 한 번 약속한 것은 소중하게 생각하여 끝까지 지키려고 한다. 지나가는 말로 가볍게 말하지 않으며 자신이 한 말에 대한 책임을 진다. 이들은 기존의 전통과 질서를 따르고 자기 역할과 자리를 지키는 안정적인 사람들이다. 한 번에 한 가지 일에 자기 에너지를 집중하는 것을 좋아하며 변화가 많거나 새로운 아이디어를 계속 도출해야 하는 상황에서는 스트레스를 많이 받는다. 새로운 환경보다 익숙한 환경, 익숙한 사람을 편안하게 여긴다. 또, 자신이 사용하는 물건을 오랫동안 사용하고 보존하는 특징이 있다.

이들은 팀 구성원의 안전을 지키는 데 최선을 다한다. 신중하고 조심스러운 경향이 있으며 걱정을 많이 하는 스타일이다.

권위 존중

내향매화 기질은 전통적인 가치를 존중하며 과거의 경험을 잘 활용해서 현재의 일에 적용한다. 일에 필요한 정보와 절차를 잘 따르고 주어진 규율에 순응적이다. 권위를 가진 상사를 존중하며 아랫사람들이 자기 권위를 존중해 주기 원한다.

반면, 이들은 권위를 무시하고 예의가 없는 사람을 싫어한다. 새로운 유행을 받아들이는데 늦은 편이며 많은 사람에게 검증된 이후에 받아들이는 경향이 있다. 하지만 새로운 것을 받아들이기로 결심하면 끝까지 그것을 지키고 보전한다.

정리정돈

내향매화 기질은 구체적인 정보를 잘 다룬다. 데이터를 활용할 수 있도록 정리하고 분류하여 언제든지 필요할 때 활용할 수 있게 규격화하기 좋아한다. 깔끔하고 정돈된 책상을 좋아하며, 사무실 책상 관리를 산만하고 어지럽게 하는 사람을 좋아하지 않는다. 그래서 정리정돈을 못하는 사람은 일을 못하는 사람으로 인식하는 경향이 있다.

검소함

내향매화 기질은 작은 것 하나라도 쉽게 버리지 않고 아껴 사용한다. 내 것이 아닌 다른 사람의 것이라도 아끼고 조심스럽게 사용한다. 허례허식을 싫어하고 허비(虛費)가 심한 사람을 싫어한다. 물건을 쉽게 버리지 않고 한 번 사용한 종이는 모아 두었다가 이면지로 쓴다. 유행에 따라 충동적으로 물건을 사지 않고 물건을 살 때 여러 번 고려해서 신중하게 산다. 그래서 자기 관리나 돈 관리를 잘하지 못하는 사람들을 보면, 기본이 안 되었다고 생각한다.

3
예술가 기질에게
잘 어울리는 난초 옷

커시의 예술가 기질을 요약하면 다음과 같다.

예술가 기질은 규칙에 얽매이는 것을 싫어하고 스스로 선택할 수 있는 자연스러운 환경을 좋아한다. 미리 계획하기보다 그때 상황을 보고 행동하며, 자극과 경험을 통해 배운다. 긍정적이고 낙천적이며 흥이 많아 인생을 즐기려 한다. 긴장감이 동반되는 모든 종류의 운동 경기와 게임을 좋아한다.

이들은 현재의 순간에 충실하지만, 막상 미래에 대한 걱정이 없어 미래 맞을 준비를 잘 하지 않는다. 왜냐하면, 그때가 되면 그때에 맞는 삶이 펼쳐질 것이라고 생각하기 때문이다. 그래서 이들은 지금 존재하는 것은 현재이기에 현재 해결해야 하는 문제에 집중한다.

글이 아닌 말로 하는 것을 좋아하고, 장기적인 것보다 단기적인 프로젝트에 능숙하다. 상황에 따라 충동적으로 행동하는 경향이 있어 의사결정이 돌발적이다. 순간 판단력이 빠르고 어떤 상황에서도 당황하지 않고 해결책을 찾아내는 임기응변에 강하다. 위기를 돌파해야 하는 상황에서 능력을 발휘하며 문제가 생길 때마다 해결책을 제시하는 문제 해결사 역할을 한다. 위험을 기꺼이 감수하는 모험심이 있으며, 뛰어난 협상가이다.

예술가 기질은 격식보다는 활동하는데 방해되지 않는 간편한 복장을 선택하는 경향이 있다. 옷의 재질이나 색상을 따지고, 브랜드 있는 옷을 즐겨 입지만, 때로는 격식을 차리지 않고 노숙자처럼 흐트러지고 너절한 모습을 보이기도 한

다. 형식에 구애받지 않고 편하게 이야기하는 것을 좋아하며, 복잡한 것을 싫어하여 간결하게 말한다. 다양한 경험을 바탕으로 잡다한 정보를 알고 있는 정보통이며, 말을 재미있게 한다. 심각하고 진지한 대화를 싫어하고 흥미 위주의 가벼운 대화를 좋아한다.

예술가 기질에 난초의 옷을 입히면 잘 어울리고 기질적 특

수월당(水月堂) 임희지(林熙之) 작품 중에서
(사진 출처=국립중앙박물관)

성이 더욱 이해하기 쉬워진다. 예술가 기질은 이름에서 알 수 있듯이 예술적 재능을 가진 기질이다. 사군자 중에 난초는 가장 예술적 아름다움을 잘 보여준다.

난은 향기도 좋지만, 그 잎이 사시사철 청청하고 수려한 데서 화(花)가 아니라 잎을 강조하는 초(草)를 붙여 쓰게 된 것으로 보인다(이어령 책임편찬, 《난초》, 도서출판 종이나라, 2006, p37). 또, 깊은 산중에 홀로 피어 아름다운 자태와 은은한 향기를 내뿜는 난은 지조 높은 선비와 절개 있는 여인에 비유되었다.

난초는 아름다운 자태 때문에 유곡가인(幽谷佳人), 미인향(美人香), 군자향(君子香), 왕자지향(王子之香) 등의 이름으로 불렸다. 난은 꽃에 맑은 향이 있고 사군자 중에서 청순함이 뛰어나며 우아하게 늘어진 모습은 요조숙녀

석파(石坡) 이하응(李昰應)의 작품 중에서
(사진 출처=국립중앙박물관)

의 자태에 비유되었다(신영상,《사군자의 정신과 회화적 특징》, 서울대학교 미술대학, 조형 FORM, 1979, p41-51). 이렇듯 난초에 대한 문인들의 평가는 멋과 아름다움에 대한 극찬이 주를 이룬다. 이는 예술적 기교와 멋과 아름다움을 추구하는 예술가 기질의 특성을 잘 보여준다고 할 수 있다.

난초는 산속에서 비와 이슬을 맞으며 살면서 빼어난 잎에 고운 꽃을 피워 은은한 향기를 날린다. 본성은 바람과 물을 좋아하지만 지나친 것을 꺼리는 특성이 있다. 난초는 모습 자체가 자연스럽고 우아하다. 난초는 인위적인 환경보다 자연 속에 있을 때 가장 건강하고 아름다워 분재를 만드는 것보다 자연 그대로 두고 보는 것이 최상의 길이다.

난초를 화분에 옮겨 심으면 잎이 점점 작아지고 향기도 적어져 국향(國香)의 의의를 완전히 잃어버린다(이어령 책임편찬, 앞의 책, p165). 난초는 화분에 옮겨 심으면 잘 말라 죽는 까다로운 속성을 가지고 있다. 이는 예술가 기질이 자유로운 환경을 추구하며, 구속 받는 것, 속박 받는 것, 제약받는 것, 의무를 지는 것을 싫어하는 특성을 잘 설명해준다.

청나라 석도는 '일 획은 모든 것의 근본이요, 만상의 근원이 된다' 하여 난을 그릴 때 일 획의 중요성을 강조했다(허유,《사군자의 세계: 그리는 법에서 감상까지》, 재원, 1994, p64).

난은 그림을 그리는 방식으로 그리지 않고 머뭇거림 없는 붓놀림

으로 밑뿌리에서 줄기 끝까지 한 번에 치듯이 그리기에 '난을 친다'
고 말한다.

　난은 앞에서 살펴본 것과 같이 잎이 중요하다. 꺾이는 곳이나 마디
가 없이 뿌리부터 잎끝까지 하나의 곡선을 이룬다. 그리는 속도가 다
른 것보다 빠르고 간단하지만, 한 번에 끝을 내야 하므로 사군자 중
에 가장 예술적 감각이 있어야만 제대로 된 난을 그릴 수 있다. 커시
는 예술가 기질이 연습 없이 행동하며, 해야 한다는 충동을 느낄 때
몰입하여 단번에 하는 것을 좋아하는 사람이라고 설명했다.

　원나라 각은(覺隱)은 '나는 일찍이 기쁜 마음으로 난을 그리고 노
기로 죽을 그렸다. 난 잎의 기세는 위로 날아오르고 꽃과 꽃술은 조
용히 피어 기쁨의 정신을 지니고 있는 까닭이다'라는 말로 난을 그릴
때 기쁜 마음으로 그려야 한다는 것을 강조했다.(신영상, 앞의 책, p41-51).

커시는 예술가 기질의 특성이 느긋하고, 여유가 있으며, 낙천적이고, 미리 준비를 잘 하지 않고 상황이 닥치면 행동하는 사람이라고 했다.

난초를 과잉보호하면 꽃을 구경하기 힘들다. 난초의 꽃을 보려면 추운 겨울에 자연 상태의 추운 곳에 노출 시켜야 한다.

커시는 예술가 기질이 규칙에 얽매이기 싫어하고 자연스러운 삶을 좋아하고 스스로 선택할 수 있는 자유를 있을 때 힘을 얻게 되는 사람이라고 했다. 이들은 구속된 환경에서는 자기 역량을 제대로 발휘하지 못한다.

예술가 기질을 과잉보호하는 것은 도와주는 것이 아니라, 이들이 인생의 꽃을 피우지 못하도록 방해하는 꼴이 된다. 예술가 기질을 과잉보호하면 무책임한 사람이 된다. 쉽고 편하게 살아가는 방법을 터득하게 되어 잎만 무성하고 꽃을 피우지 못하는 한량 인생이 된다.

난초가 자생하는 여름은 오랜 시간 일하기보다 짧은 시간 집중해서 일하고 나머지 시간은 휴식하는 계절이다.

커시는 예술가 기질을 베짱이에 비유했다. 베짱이는 미래에 대한 걱정보다 현재를 행복하게 사는 것을 좋아한다. 현재를 사는 사람은 미래를 위해 준비하는 것에 에너지를 잘 쓰지 않는다. 지금 당장 눈에 보이는 재미있는 것에는 흥미를 가지지만 눈에 보이지 않는 미래를 위한 것은 관심을 잘 기울이지 않는다. 예술가 기질은 구급차 운전사, 카레이서, 항공기 운전, 정치협상가, 모델, 사설탐정, 경찰, 소방관, 마술사, 운동선수 등과 같이 긴 시간 꾸준하게 해야 하는 것보다 짧은 시간에 집중력과 순발력을 발휘하는 직종을 좋아한다.

　난초는 단순하다. 단순한 모양새를 가지고 있지만, 그 속에 예술적인 멋을 지니고 있다. 사군자 중에 가장 단순한 형태의 모양을 가지고 있다.

　커시는 예술가 기질이 복잡한 것을 싫어하고 단순한 기질이라고 했다. 단순함은 다른 한편으로 실행력을 동반한다. 일단 시작하고 안 되는 것은 그때 가서 수정한다. 그래서 계획이 깊지 않다. 단순하지만, 과감하게 실행하는 힘이 있다.

　난초 기질은 인생의 의미를 찾아야 한다. 만일 난초 기질이 인생의 의미를 찾지 않으면 노년에 후회하는 인생이 되기 쉽다. 인생을 즐기며 살았지만, 자기 쾌락을 추구하는 인생이 되기 쉽기 때문이다.

외향난초 기질 특성

단순화하는 능력

　외향난초 기질은 복잡한 것을 단순하고 쉽게 만드는 능력이 있다. 이들은 복잡한 것을 싫어하고 인생 자체를 단순하게 생각하는 단순함의 미학을 추구한다. 그래서 외향난초 기질은 복잡한 문제를 단순화하여 보는 눈이 있다. 팀원들이 복잡하게 생각하는 것은 단순한 시각으로 다시 볼 수 있도록 제시해 준다.

외향난초 기질이 인생을 살아가는 방식도 단순하다. 이들은 과거와 미래에 얽매이지 않고 현재의 인생에 집중한다. 현재가 재미있고, 행복하면 되는 것이다. 과거는 성공이든 실패이든 빨리 잊어버린다. 미래는 아직 피부에 와 닿지 않기에 크게 걱정거리가 되지 못한다.

유머 감각

외향난초 기질은 활기 넘치고 위트 있는 말재주를 가지고 있다. 외향난초 기질과 함께 일하는 팀원들은 즐겁고 재미있는 분위기에서 일할 수 있다. 외향난초 기질에게 재미없는 것은 호감을 주지 못하며 팀원들이 재미있게 일하기를 원한다. 어느 곳에서나 잘 어울리는 사교가이며 유행을 잘 따라 하는 멋쟁이들이다.

협상력

외향난초 기질은 문제 해결사이자 협상가이다. 다른 사람들을 자신이 원하는 방향으로 잘 설득하고 적절한 선에서 타협한다. 책상에 앉아 고민하기보다 행동으로 문제를 해결하는 사람들이다. 이들은 어디를 가든 아는 사람이 있으며 그들에게 도움을 구할 수 있는 인맥을 형성하고 있다.

때로는 문제를 해결하기 위해 규칙이나 관습에 얽매이지 않는다. 가만히 앉아서 고민하는 것보다 어떤 형태로든 문제를 해결하기 위해 직접 움직이는 사람들이다. 이들은 자유분방하며 규율, 규칙에 얽매이지 않고 새로운 대안을 찾으려고 한다. 또, 규칙에 연연하지 않는 이들의 대범함은 어떤 상황에서도 문제를 긍정적으로 바라보게 한다.

위기관리 능력

외향난초 기질에게 갑작스럽게 닥치는 일은 스트레스가 되지 않는다. 돌발적으로 일어나는 일은 오히려 기분전환의 계기가 될 수 있고 삶에 활력을 준다. 돌발 상황은 스트레스라기보다 또 하나의 흥미진진한 위기 극복의 게임이 될 수 있다. 이들의 삶 자체가 게임의 연속이다.

때로는 외줄 타기 하는 것처럼 아슬아슬한 경우들이 있지만, 그 상

황을 즐기는 대범함이 이들의 장점이다. 때로는 위태위태하고 무모한 도전 같은 근거 없는 자신감이 다른 사람보다 더 많은 것을 빨리 얻을 수 있도록 해준다.

예술적 재능

난초는 한번에 치듯이 그리지만 유연한 줄기에 예술적 아름다움이 드러난다. 난초 기질은 단순함의 미학이 드러나는 예술성을 겸비한 사람이다. 스포츠와 음악, 미술 분야의 예술계에서 활동하는 리더가 많다. 열심히 하는 사람은 즐기는 사람을 감당하기 어렵다는 말이 있다. 열심히 하는 사람이 매화 기질이라면, 즐기는 사람은 난초 기질이다. 타고난 예술적 재능을 가진 사람이 즐길 때 나타나는 예술성은 보는 이로 하여금 감탄을 자아내게 한다.

자유로움

외향난초 기질은 팀원들에게 가장 자유로운 환경에서 자발적으로 자기 일을 할 것을 기대한다. 외향난초 기질은 구속 받는 것이 싫고 구속하는 것도 싫어한다. 가장 자유의지가 강한 기질이며 구속과 압박이 심한 팀에서는 자기 역량을 제대로 발휘할 수 없는 기질이다.

자유는 스스로 선택할 기회가 주어져야 하며, 선택에 대한 책임을 지는 것이다. 그래서 스스로 선택한 것이 아니면 책임을 지려고 하지 않는다. 자유로운 영혼인 난초 기질은 구속하고 잔소리하는 팀원을 싫어한다.

열정

외향난초 기질은 팀원이 함께 어울리고 함께 일하는 것을 좋아한다. 흥이 나면 정열적이고 열정적으로 변하며 사람들과 함께 신명 나게 일하고 함께 즐겁게 논다. 여름의 뜨거운 해수욕장, 파티, 축제, 폭죽, 축구장, 야구장의 열기, 카레이서 등의 장소에서 들리는 함성, 웃음소리, 흥에 겨워 노래하는 모습 속에 외향난초의 모습이 있다. 이들은 고리타분한 분위기를 견디지 못하며, 관습과 형식에 얽매여 분위기를 다운시키는 팀원을 싫어한다.

내향난초 기질 특성

여유로움

내향난초 기질은 조급하지 않고 상황을 있는 그대로 관조하는 여유가 있다. 팀원이 나를 간섭하는 것이 싫고 내가 팀원을 향해 관여하는 것도 좋아하지 않는다. 그냥 있는 그대로를 지켜보고 수용한다. 어떨 때는 마치 강 건너 불구경하듯 한발 물러서서 팔짱 끼고 느긋하게 바라보는 듯하다.

문제는 강 건너 불난 집이 자기 집임에도 불구하고 어쩔 수 없는 것은 빨리 수용한다. 옆에 있는 다른 팀원들이 어찌해야 할지 몰라 하지만 내향난초 기질은 인정할 것은 빨리 인정하고 그 상황에 적응한다. 할 수 없는 일에 쓸데없는 에너지를 쓰지 않으려고 한다. 내향

난초 기질의 리더십이 빛을 발하려면 할 수 있는 것과 할 수 없는 것을 구분할 수 있는 지혜가 필요하다.

예술적 감각

내향난초 기질은 음악, 예술, 조각 등 순수예술 분야에서 재능을 보인다. 이들의 감각은 민감하고 섬세하여 음악가들의 선율과 미술가들의 정교한 손놀림에서도 관찰된다. 절대 미각, 절대 청각, 절대 시각을 가진 예술가들을 내향난초 기질에서 많이 찾아볼 수 있다.

평소에는 느리고 조용하지만, 자신이 재미있어하는 작품을 만들때는 몰입하는 집중력이 있다. 특별히 도구를 활용해 뭔가를 만들거나 연주할 때는 굉장히 몰입한다. 내향난초 기질은 자기 예술적 재능을 말로 설명하기 어려워한다. 자기 재능을 다른 사람에게 보여줌으로써 기술을 가르친다. 잘난 척하거나 요란스러운 말 많은 팀원을 좋아하지 않는다.

자연 친화적

내향난초 기질은 팀원들과 함께 하는 것보다 혼자 자연 속에서 자연과 하나가 되어 자유를 누릴 때 가장 행복해한다. 복잡한 조직을 떠나 여유로운 자연의 품에 있을 때 행복을 느낀다. 이들은 자연과 더불어 물 흐르듯 살아가는 조용한 방랑자이다. 하지만 현실에서 그런 자유가 주어지지 않기 때문에 답답함을 느낀다. 그럼에도 불구하고 자신이 처한 환경이 마음에 들지는 않지만, 무리 없이 적응한다. 휴일이 되면 아무도 자신을 방해하지 않는 자신만의 세계로 떠난다. 혼자 자전거 타기, 낚시, 등산, 산책, 여행, 영화를 즐기고, 잠을 자거나 하루 종일 아무것도 하지 않고 시간을 그냥 보내기도 한다.

수용력

내향난초 기질은 팀원들에게 영향을 미치거나 자신이 원하는 방향으로 변화시키려고 하지 않는다. 팀원들에게 영향을 행사하여 자신에게 맞추도록 강요하기보다는 자신이 팀원들에게 빨리 적응한다. 다른 사람으로부터 강요당하거나 억압받는 것을 싫어하듯이 팀원들에게 뭔가 요구하는 것을 귀찮아한다. 최소한의 감독으로 자신이 원하는 방향으로 조직을 이끌어 가려고 한다. 팀원들의 의견을 대체로 수용하며 팀원 각자의 자율성을 존중한다.

내향난초 기질은 팀원들 입장에서는 간섭을 거의 하지 않는 아주 편하게 해 주는 리더이다. 내향난초 기질은 에너지 절약형 리더십을 발휘한다.

자율적

내향난초 기질은 구조화되고 꽉 짜인 환경은 부담스러워 한다. 서로의 자율성을 존중하는 좋은 분위기에서 일하기 원한다. 과도한 규제나 규범, 융통성이 떨어지는 환경은 스스로 적응하기 힘들어하므로 팀원들에게도 자율적인 환경을 제공한다.

대체로 이들은 조용하며, 자유가 많이 보장되는 환경에서 자기 재능을 잘 발휘한다. 타인으로부터 간섭이나 지시받는 것을 싫어하므로 본인도 팀원에게 최대한의 자유를 보장한다. 이들은 과도하리만큼 타인들의 삶을 있는 그대로 바라보는 편이며 팀원들을 대할 때 최소한의 관여를 하는 방목 스타일의 조직 관리 방식을 취한다. 때로는 대리 관리자를 세워 자기 대신 관리하도록 위임하기도 한다.

효율적

내향난초 기질은 적은 노력과 적은 에너지를 사용하여 최대의 효과를 얻는데 가장 민감하다. 에너지를 쓸데없는 곳에 쓰기를 싫어하여 말도 간단하게 한다. 자기 생각과 감정 표현을 최소화한다. 이들은 모든 것을 단순화시켜 보는 경향이 있으며, 복잡한 상황을 간단하게 정리해서 쉽게 처리하는 경향이 있다.

현재에 충실

내향난초 기질에게 중요한 것은 미래가 아니라 지금 현재이다. 미래를 위해 현재를 희생하라고 요구하는 것은 동기 부여가 잘 되지 않는다. 미래를 위해 현재 누릴 수 있는 자유를 가로막고 억제하는 팀원을 싫어한다. 이들은 현재 눈에 보이는 뭔가에 몰입하는 경향이 있다. 특별히 도구를 활용할 수 있는 일에 관심을 기울인다. 연장을 활용해서 뭔가 조각하고 만들 때 시간 가는 줄 모르고 집중한다.

4
이상가 기질에게
잘 어울리는 국화 옷

커시의 이상가 기질을 요약하면 다음과 같다.

이상가 기질에게 삶은 자기 발견을 위한 여행이다. 인생의 의미와 가치를 중요하게 생각하며 관계 지향적이고 감성적인 기질이다. 자신과 타인의 잠재력을 끌어내는데 관심이 많으며, 조화로운 관계를 유지하기 위해 자신을 희생한다. 사람들의 감정을 놀랍도록 잘 인식하고 공감적 언어를 사용하여 다른 사람을 편안하게 해준다. 내면의 가치와 의미를 끌어내어 상대를 설득하는 능력이 있다.

이상가 기질은 어떻게 하면 진정한 자신이 될 수 있는가에 대해 자문한다. 이들은 끊임없이 자아실현을 갈망하며 자기 자신이 되기 위해 유일무이한 자기 정체성을 얻고자 한다.

때로는 완전한 자아실현을 위해 종교, 심리학, 철학에 심취하기도

정보(正甫) 윤양근(尹養根) 작품 중에서
(사진 출처=국립중앙박물관)

하지만, 자신이 원하는 자아에 도달하지 못하는 것 때문에 고민에 빠지기도 한다.

이상가 기질은 이상주의자이며 인류의 행복을 증진시키기 위해 봉사한다. 이들은 감수성이 풍부하여 주변의 비난에 쉽게 정신적 고통을 겪는다. 조화로운 관계를 중요하게 생각하며, 갈등을 회피하려고 한다.

이상가 기질은 다른 사람들이 자기 장점을 잘 활용하고 그들의 재능을 최대한 발휘할 수 있도록 동기부여 하는 것을 좋아한다. 다른 사람들이 자기 직업에 대해 긍정적으로 생각하도록 도와주고 사람들의 잠재성에 초점을 맞추어 다른 사람들이 성장하고 발전하도록 돕는 일에 관심이 많다. 그래서 사람과 관련된 직업 영역에서 일하기 좋아한다.

이상가 기질에 국화의 옷을 입히면 잘 어울리고, 기질적 특성을 더욱 이해하기 쉬워진다. 이상가 기질은 이름에서 알 수 있듯이 모든 사람이 갈등 없이 서로를 사랑하는 아름다운 이상세계를 꿈꾼다.

국화는 사군자 중에 가장 꽃의 비중이 높다. 한눈에 봐도 국화는 꽃이 중심이다. 꽃은 존재와 존재의 관계를 이어주는 매개체이다. 그래서 꽃은 사람을 부르고, 나비를 부르고, 벌을 부른다. 벌, 나비, 사람을 통해 다른 존재와 새로운 관계를 만들게 한다.

커시는 이상가 기질이 사람들의 장점을 잘 파악하고, 성장 가능성을 잘 끌어내어 잠재력을 발휘하도록 돕는 동기부여자라고 했다.

국화는 모든 꽃이 지고 없어지는 늦가을에 서리를 맞으며 홀로 꽃을 피운다. 국화가 다른 꽃이 많이 피는 여름에 피지 않고 늦가을에 홀로 피는 것은 다른 꽃들과 경쟁하거나 다투기를 싫어하기 때문이다(이선옥,《선비의 벗 사군자》, 보림, 2005, p44).

이정보 선생은 서리 맞은 국화의 모습을 노래했다. '국화야 너는 어희 삼월동풍(三月東風) 다 보내고 낙목한천(落木寒天)에 네 홀로 피었나

니 아마도 오상고절(傲霜孤節)은 너뿐인가 하노라.'

　오상고절(傲霜孤節)은 서리가 심한 추위 속에서도 굴하지 않고 홀로 꼿꼿하게 피는 국화의 모습을 표현한 것이다.

　커시는 이상가 기질이 상대가 원하는 모습대로 자신을 보여주는 재주가 있다고 했다. 관계를 중시하여 타인이 상처 주지 않으려고 자신이 원하는 것보다 타인이 원하는 것에 맞추어 주는 것을 중요하게 생각하는 기질이다.

　국화는 삶의 의미와 가치를 생각하게 하는 꽃이라 할 수 있다.

　국화는 특별한 장소에서 많이 볼 수 있는데, 그곳은 바로 인생의 마지막 자리인 조문(弔問)하는 곳이다.

국화는 죽음, 고결, 정조, 위로를 의미한다. 서양에서는 다음 세상에 가서 평화롭게 쉬기를 바라는 마음에서 나온 말이라고 한다. 죽음은 인생의 의미를 가장 절실하게 생각하게 하는 주제이다. 죽음 앞에 선 사람에게는 찰나의 짧은 순간도 그냥 보낼 수 없는 의미 있는 시간이다. 국화를 조화(弔花)로 쓰는 것은 죽음이 생명의 종결이 아닌 영원한 생명의 또 다른 시작이라는 의미를 담고 있는 것으로 영생을 희구하는 신앙체계에서 온 것이다(이어령 책임편찬, 《국화》, 도서출판 종이나라, 2006, p18).

커시는 이상가 기질이 어떤 경우, 어떤 관계에서든 의미를 찾으려고 하고, 다른 사람들의 말이나 행동에 의미 부여하기 좋아하는 기질이라고 했다. 또한, 다른 사람들로부터 자신이 중요한 존재임을 인정받기 원하며, 모든 관계에 의미를 부여한다.

커시는 이상가 기질이 상대가 원하는 모습대로 자신을 보여주는 재주가 뛰어나다고 했다. 감정 이입 능력과 공감하는 능력이 뛰어나서 이상가 기질의 배우는 자신이 맡은 역할에 완전히 몰입한다. 이상가 기질은 무대 위에서든 무대 밖에서든 자기가 맡은 역할에 맞게 정체성을 변경할 수 있는 기질이다.

국화는 생김생김이 복잡하여 단순화하기 가장 어려운 꽃이다. 꽃과 잎을 단순화해 버리면 아예 다른 나무가 되어 버린다(최열, 《사군자 감상법》, 대원사, 2001, p25).

국화는 작은 꽃잎으로 겹겹이 쌓여 복잡한 구조로 되어 있다. 겹겹이 쌓여있는 양파 속을 알 수 없다는 말이 있듯이 국화의 속은 알 수 없다.

국화는 자기실현과 자아정체성을 찾기 위해 복잡한 자기 여행을 하며, 자신이 원하는 자기와 자기가 생각하는 자신이 일치하지 않는 것 때문에 고민하는 이상가 기질의 특성이 있다.

국화가 바라보는 세상은 가을로, 가을은 추수의 계절로 풍요롭지만, 갑자기 쓸쓸함과 고독함이 몰려오는 계절이다.

가을은 풍성함의 기쁨과 외로움이 공존한다. 가을은 짧은 계절이면서 일교차가 가장 심한 계절로 변화가 많다. 추수가 끝나자마자 잎은 마르고 떨어진다. 단풍의 아름다움은 낭만에 빠져들게 하고 사색하게 한다.

커시는 이상가 기질이 이중성을 가진 기질이라고 했다. 이상, 진리, 아름다움, 영성, 신성을 추구하면서 다른 한편으로는 세속적이고 퇴폐적인 욕망에 빠지는 헬레니즘 정신의 이중성을 가진 아폴로와 유사하다고 했다.

이상가 기질은 네 가지 기질 중 가장 감정 변화를 많이 보인다. 이들은 타인의 평가에 민감하게 반응해 자기 존재 가치를 타인의 평가에 의존하는 경향이 있다.

국화 기질은 나이가 들면 무엇을 후회하는가? 국화 기질은 거절해야 하는 상황에서 거절하지 못한 것을 후회한다. 거절하지 못하는 것은 자기 주도적인 삶이 아닌 타인 중심적인 삶을 살기 때문이다. 타인중심적인 삶을 과하게 살게 되면 자기 존재는 없어지고 타인이 자기 존재의 중심에 자리하게 된다. 타인을 배려하는 것도 자기중심성을 상실하면 균형을 잃게 된다. 타인을 배려하는 것도 자신이 건강할 때 지속 가능하다.

외향국화 기질 특성

조화로운 인간관계

외향국화 기질은 갈등 상황에 매우 민감한 모습을 보인다. 외향국화 기질은 팀원들이 서로를 위하는 화목한 관계 가운데 일하는 것을 가장 중시한다. 관계가 좋으면 일을 자신감 있게 하지만, 갈등이 생기면 일에 지대한 영향을 받는다. 비판적인 팀원에 의해 비난을 받으면 자신이 수용 받지 못한다는 생각 때문에 평소의 모습과는 전혀 다른 소심하고 무기력한 모습을 보이기도 한다. 이들은 비판적인 태도를 가진 팀원과 일하는 것을 부담스러워 한다.

팀원 사이에 갈등이 생기면 조정하기 위해 부단히 노력하고 중재한다. 자신과 팀원 사이에 갈등이 생겼을 때 조급하리만큼 빨리 해결하고 싶어 한다. 외향국화 기질은 갈등을 말로 풀어야 하기 때문에 여기저기 다른 사람에게 조언을 구하게 되는데, 그러다 보면 의도하지 않았던 소문이 확산되기도 한다. 외향국화 기질은 모든 사람과 조화로운 관계를 소망하지만 그렇지 못한 현실 때문에 고뇌하고 갈등한다.

칭찬과 격려

외향국화 기질은 팀원들의 가능성을 끌어내고 칭찬하는데 적극적이다. 팀원들의 마음을 잘 읽어주며 격려하는 말을 자주 하려고 한다. 팀원들의 단점보다는 상대의 장점을 빨리 발견하며, 긍정적인 면을 보려고 한다. 그래서 작은 장점이라도 부각시켜서 표현해 준다. 이들은 팀원들을 외부 사람들에게 소개할 때도 장점을 잘 부각시켜 소개하여 자신감을 가지도록 도와준다. 사람에 대해 편견 없이 대하며 어떤 기질의 팀원과도 쉽게 관계를 형성한다.

인생의 의미

외향국화 기질은 대체로 언어 구사력이 뛰어나다. 단순히 내용을 전달하기보다 정보 속에 있는 의미를 잘 끌어내어 전달한다. 논리적으로 팀원들을 설득하는 것이 아니라, 내면의 가치를 끌어내어 동기를 부여하는 리더이다. 그래서 팀원들에게 지금 하는 일의 가치와 의미가 무엇인지 강조하며 자신이 느끼고 있는 가치를 팀원들도 공유하기를 희망한다. 외향국화 기질은 의미 없는 일이라고 생각하는 것을 의무감에서 해야 할 상황이 생기면 열정은 금방 사라지고 상당히 무기력해진다. 외향국화 기질은 팀원들의 자기 내적 가치를 발견하고 그것을 실현할 수 있도록 통찰력을 부여하는 통찰력을 가진 리더이다.

새로운 인간관계

외향국화 기질은 새로운 관계를 열정적으로 만들어 가는 사람들이다. 특정 사람이 아닌 많은 사람과 자기 내면의 열정을 나누고 공유하고 싶어 한다. 자기 꿈을 이루기 위해 다방면의 사람들을 찾고

끌어들인다.

외향국화 기질이 추진하는 일은 시간이 지날수록 처음 생각했던 것보다 점점 더 커지고 관련된 사람들의 폭도 넓어진다. 그러다 처음 의도했던 생각이나 방향과는 전혀 다른 모습으로 진행되는 것들을 보게 된다. 이들에게 인생은 미지의 사람을 알아가는 아주 흥미로운 것이며 드라마틱한 여정이다. 사람이나 사물에 대해 열려 있으며, 낙천적이고 개방적인 기질의 리더이다.

타인의 성장

외향국화 기질은 팀원들 개개인의 잠재된 재능을 잘 불러일으키고 그들에게 할 수 있다는 자신감을 심어준다. 그래서 팀원들이 가지고 있는 내적 잠재력을 끌어내어 성장하도록 이끌어주는 유능한 리더가 된다. 팀원들의 숨은 재능을 잘 관찰하고 그 재능을 잘 발휘할 수 있도록 환경을 조성해 준다. 자기 열정을 팀원들에게 확산시키는 에너지가 있다.

또, 열악하고 소외된 사람들에게 관심을 가진다. 어떤 사람을 만나도 그들 속에 있는 긍정적인 잠재력을 격려하고 칭찬할 줄 아는 매력을 가지고 있다. 자신이 의도한 대로 잘 설득하며 다른 사람들에게 뭔가 할 수 있다는 자신감과 동기를 잘 부여한다. 팀원에게 일을 할 때 그 일을 꼭 해야겠다는 열망을 가지도록 만드는 능력이 있다.

꿈과 열정

외향국화 기질은 하고 싶은 일이 많은 열정적인 리더이다. 새로운 것을 실행하고 싶은 꿈을 잘 꾸며, 한 번 꽂히면 억제하기 힘들어진다. 처음 계획보다 이들의 꿈은 더 커지고 부풀어 마치 그 꿈이 곧 실행되어 좋은 결과를 눈앞에 보고 있는 것처럼 흥분하게 된다. 외향국화 기질은 해야 할 일들을 뜬금없이 생각해낸다.

다른 기질의 팀원들은 계속해서 새로운 일을 만드는 외향국화 기질의 열정을 감당하기 어려워할 수 있다. 이들은 기존의 것이 아직 마무리되지 않아도 새로운 것을 부담 없이 시작할 수 있다.

내향국화 기질 특성

배려

내향국화 기질은 모든 팀원과 평화롭고 이상적인 관계를 추구한다. 피상적 관계보다 깊은 내적 소통이 이루어지는 관계를 갈망한다. 다른 사람들의 감정에 민감하여 그들의 심리적 상태를 빨리 느끼고 통찰한다. 일상적인 이야기보다 개인의 내적 갈등에 대한 이야기를 나누기 좋아하며 잘 공감해 준다. 타고난 상담자이며 타인의 말을 편견 없이 잘 들어주고 수용한다. 숨겨져 있는 동기를 빨리 관찰하고 끌어낸다. 때때로 팀원의 감정이 이입이 되어 팀원의 고통을 그대로 느끼기도 한다. 이들은 갈등 관계에서 견디는 힘이 약하기 때문에 갈등상황을 만들지 않으려고 한다.

공감

내향국화 기질은 아파하는 사람에게 진정으로 함께 아파해 주고

기뻐하는 사람에게 함께 기뻐해 준다. 팀원들과 일대일로 만나 그들의 사정을 충분히 듣고 형편을 이해하려고 한다. 팀원들의 말을 중간에 끊거나 반박하거나 충고하거나 가르치려고 하지 않는다.

내향국화 기질은 팀원의 어떤 이야기도 그냥 그대로 받아들이고 이해하려고 하는 수용력이 있다. 팀원 중 누군가 자기 비밀스러운 고민을 내향국화 기질에게 하게 된다면 충분히 공감과 수용 받는다는 느낌을 받을 수 있을 것이다.

타인 우선시

내향국화 기질은 자신이 원하는 것을 하는 것보다 팀원들이 원하는 것을 하려고 한다. 때로는 자신이 진정으로 원하는 것이 무엇인지 잘 모를 때도 있다. 이들은 타인 중심적으로 생각하고 일하는 것이 익숙한 리더이다. 그래서 자기 요구보다 팀원들의 요구를 더 우선시하려고 한다. 회식을 해도 자신이 원하는 메뉴보다 팀원들이 원하는 메뉴를 선택하려고 한다. 팀원들이 기분 좋아하는 것을 자기 기쁨으로 받아들인다.

부드러움

내향국화 기질은 양과 같이 순하고 부드럽다. 팀원들이 만족스럽게 일을 처리하지 못해도 잘할 수 있을 때까지 기다리고 지켜봐 준다. 강압적인 명령이나 지시보다는 부드럽고 친절하게 격려한다. 팀원들에게 상처 주지 않고 그들 속에 있는 열정을 끌어내려고 조용히 다가

간다. 현실적 결과를 위해 닦달하거나 조직의 목표 달성을 위한 수단으로 팀원들을 대하지 않는다. 스스로가 강압적인 분위기와 지시가 많은 조직에서는 자기 능력을 발휘하지 못하기 때문에 팀원들에게도 그렇게 하지 않으려고 한다.

섬세한 감정

내향국화 기질을 가진 사람이 남자라 할지라도 이 기질을 가진 사

어린왕자

람은 대부분 여성스러운 감성을 가지고 있다. 그래서 평범한 여성들 이상으로 섬세하고 감성적이다. 또, 자신과 타인의 정서에 민감하고 배려심이 깊다. 이들은 여린 정서를 가지고 있어 다른 사람의 비판적인 말에 상처를 잘 받는다. 섬세한 감성으로 고객들의 마음을 잘 살피며 고객 중심의 서비스를 하도록 조직을 이끈다. 팀원들의 정서를 민감하게 살피고 책망할 일이 있을 때 팀원에게 상처가 되지 않도록 표현하려고 노력한다. 때때로 너무 우회적으

로 표현하여 팀원이 알아듣지 못하는 경우도 있다.

겸손

내향국화 기질은 8가지 기질 중에 가장 겸손한 리더이다. 이들은 자신을 자랑하지 않고 항상 부족한 사람이라고 자신을 소개한다. 팀이 좋은 성과를 이루었을 때도 본인이 나서지 않고 팀원들을 앞에 내세우는 겸손함을 보인다. 때때로 자기 실속을 챙기지 못하는 모습을 보인다. 하지만, 언젠가는 자기 그런 모습을 조직이 알아줄 것이라고 생각한다.

삶의 의미

겉으로 드러나는 것보다 그 사람의 이면에 숨어 있는 개인의 여정에 관심을 기울이기 좋아한다. 한 사람의 과거가 현재에 어떻게 반응하여 나타나는지, 현재의 모습이 그 사람의 미래에 미칠 영향을 상상하고 예측하려고 한다. 이들은 깊은 내적 갈망과 욕구를 가지고 있으며 이러한 열망은 타 기질의 사람들에 비해 자연스럽게 종교나 철학, 심리학에 더 많은 관심을 가진다.

5

합리론자 기질에게
잘 어울리는 대나무 옷

커시의 합리론자 기질을 요약하면 다음과 같다.

합리론자 기질은 실체를 이해하고, 통제하고, 예측하고, 설명하는 능력을 갖기 원한다. 이들은 탐구적이며 다른 사람보다 더 유능하고자 하는 욕구가 있어, 능력, 재능, 기량, 기술, 독창성으로 새로운 지식이나 자연의 원리를 이해하고자 한다. 끊임없이 자신이 얼마나 발전하였는지 점검하고 자기 능력을 시험해 볼 수 있는 영역이라면 어떤 것이든 파고든다. 또, 이들은 단어 선택에 민감하고 짧고 간결하며 논리적으로 말한다. 현재에 만족하지 못하고 끊임없이 더 나은 미래를 지향하며 주위를 변화시키려고 한다.

합리론자 기질은 미래에 대한 비전이 있으며, 큰 그림을 잘 보고 방향성을 잘 제시한다. 이들은 목적을 달성하기 위해 전략을 세우고 기획하고 시스템을 설립하는데 뛰어나며, 복잡하고 이론적인 구상을 잘 이해하고 추론 능력이 뛰어나다.

　합리론자 기질은 도전적이며 새로운 아이디어를 창출할 수 있는 직업을 선호한다. 내향 합리론자들은 연구하기 좋아하며, 방해받지 않고 집중할 수 있는 업무에 만족해 새로운 기술을 습득하고 분석력과 창의력을 발휘하여 이론과 시스템을 구축하기 좋아하는 특징을 가지고 있다. 그래서 이들은 끊임없이 새로운 것을 갈망하며 모든 것

을 이론화해서 지적으로 설명하고 모든 것에 대해 '왜?'라는 질문을
한다.

　이들은 능력을 중시하며 모든 사람을 능력으로 냉정하게 평가한
다. 그래서 개념화와 체계화를 잘하며, 논리적 사고력으로 시스템과
조직의 원리를 이해하려고 한다. 말이나 글로 자기 생각을 명쾌하고
정확하게 표현하지만, 다른 사람의 감정을 공감하는 부분은 약하다.

　합리론자 기질에 대나무의 옷을 입히면 잘 어울리고 기질적 특성
을 이해하기 쉬워진다. 합리론자 기질은 이름에서 알 수 있듯이 합리
성을 추구하는 사람이다. 합리적인 것은 객관적이고 공정해야 한다.

객관적이기 위해서는 원인과 결
과가 논리적으로 설명 가능해야
한다. 대나무가 문인들에게 사
랑을 받았던 이유는 무엇보다도
눈서리에 굽히지 않는 의연한 선
비의 기상이 있었기 때문이다.

　대나무는 늙어도 시들지 않
고, 차가운 폭설이 와도 의젓이
홀로 빼어난 모습을 유지한다.
눈서리를 이겨내고 사계절을 통
해 올곧게 서서 굽히지 않는 것

수운(岫雲) 유덕장(柳德章) 작품 중에서
(사진 출처=국립중앙박물관)

이 선비가 지향하는 모습과 매우 닮아 있다(이어령 책임편찬, 《대나무》, 도서출판 종이나라, 2006, p56). 대나무는 난세에 자기 뜻과 절개를 굽히지 않고 지조를 지키는 지사(志士), 군자의 기상에 가장 많이 비유되는 상징물로 나타난다. 대쪽 같은 사람은 대나무를 쪼갠 듯이 곧은 사람으로, 불의나 부정과는 일절 타협하지 않는 사람이다. 대나무의 강직한 특성은 커시가 말한 사사로운 정에 얽매이지 않고 논리적 합리성을 추구하는 합리적 기질의 특성과 유사하다.

대나무는 다른 나무에 비해 작은 지름을 가지고 있지만, 사시사철 푸름을 유지하고, 쓰러지지 않고 곧게 높이 올라가며 강인함을 가지고 있다. 대나무는 사군자 중에 가장 높이 올라간다. 땅 아래에 그대로 머물러 있기를 원치 않으며, 가장 빠른 시간에 계속해서 위를 향해 하늘 높이 올라간다. 사군자 중에 가장 높은 곳을 좋아하는 대나무의 특성은 반드시 유능해지고 싶은 욕망의 절실함이 있어 그 욕망에 사로잡혀 마치 자기장 속에 갇힌 듯 위로 올라가고픈 충동을 느끼는 합리론자 기

포저(浦渚) 조익(趙翼) 작품 중에서
(사진 출처=국립중앙박물관)

질과 유사하다. 끊임없이 자신이 얼마나 발전하였는지 점검하고 자기 능력을 시험해 볼 수 있는 영역에 도전하는 사람이다.

대나무는 단단하고, 바르고, 속이 비어 있고, 결이 있어 여러 굵기로 쪼갤 수 있는 장점이 있다. 쪼개면 사용할 것이 많은 대나무의 특성은 분석적인 합리론자 기질과 닮았다.

커시는 합리론자 기질이 과학, 수학, 철학, 건축, 공학 등 정교한 분석이 요구되는 분야에서 연구하기 좋아하는 사람이라고 했다. 논리적 사고력으로 시스템과 조직의 원리를 잘 이해하여 말이나 글로 명쾌하고 정확하게 자기 생각을 표현하지만, 다른 사람의 감정을 고려하는 부분은 약한 합리론자 기질과 대나무는 맥을 같이 한다.

농경 사회에서의 대나무 용도는 매우 다양했다. 대나무는 다른 나무와는 달리 특유의 유연성과 쪼갤 수 있는 결을 가지고 있어 다양한 생활용품에 활용되었다. 이런 대나무의 변신은 분석을 통해 과학, 수학의 원리를 활용하여 새로운 제품을 만들어내기 좋아하는 합리론자 기질과 닮았다.

합리론자 기질은 현재에 만족하지 못하고 끊임없이 더 나은 미래를 지향하여 기존의 것을 활용해서 더 나은 새로운 다른 것을 만들어 내기 좋아한다. 합리론자 기질은 논리학, 연구 개발, 설계 등의 일을 좋아한다.

대나무의 뿌리는 강력해서 다른 나무들이 살 수 없도록 자기 영역을 넓혀 나간다. 뿌리를 멀리 넓게 펼친다는 것은 영양분 흡수에 대한 욕구가 강하다는 것이다. 더 높은 곳을 올라가고 싶어 하는 대나무의 욕구는 더 많은 영양분을 얻고자 뿌리를 멀리 펼쳐 나간다. 이런 대나무의 모습은 네 가지 기질 중에 가장 지적 욕구가 강한 합리론자 기질과 닮아있다. 합리론자 기질은 전문가가 되고 싶은 욕구를 가진 사람이다.

사군자 중에 가장 꽃을 보기 어려운 것이 대나무이다. 대나무가 꽃을 잘 드러내지 않는 것은 다른 사람을 기분 좋게 하는 것이 자기 관심 영역이 아니라는 것이다. 이런 대나무의 모습은 다른 사람을 기분 좋게 하는 칭찬, 격려, 공감에 인색한 합리론자 기질과 유사하다. 합리론자 기질은 사람의 감정을 인지하고 표현하는 부분이 약하다. 사람의 감정을 논리적으로 이해하려는 경향이 있다.

합리론자 기질은 현재에 만족하지 못하고 끊임없이 새로운 변화를

추구하는 기질이다. 변화에 대한 욕구가 가장 강한 기질이며 개혁적인 성향을 가지고 있다. 합리론자 기질은 개혁을 선도하는 노조 그룹에서 많이 볼 수 있다.

대나무 기질은 장기적인 목표를 향해 새로운 지식을 배우고 개척해나가기 좋아한다. 그러하기에 인생의 목표와 방향이 없는 사람을 좋아하지 않는다. 그리고 큰 것을 보지 못하고 작은 것에 연연하는 사람을 싫어한다. 또, 우유부단하여 자기 의지를 명확하게 표현하지 않는 사람을 이해하지 못한다. 모든 사람이 좋다고 해도 아닌 건 아니라고 말한다. 상사의 권위 때문에 자기 의지를 굽히려고 하지 않는다.

대나무 기질은 나이가 들수록 자신보다 못한 사람들을 품어주지못한 것을 후회한다. 목표 지향적인 대나무 기질은 목표 달성에 방해가 되는 무능한 사람들을 배제하는 경향이 있다. 그래서 경쟁력이 떨어지거나 비효율적인 사람에 대한 보살핌이 약하다.

능력을 중시하는 대나무 기질은 자기 밑에서 일했던 사람 중에 자신으로 인해 상처받은 사람들이 많다는 것을 언젠가는 알게 된다. 좀 더 인간적으로 대하지 못한 것에 대한 후회는 대나무 기질의 인생에 따라다니는 딜레마이다. 또한, 대나무 기질은 자신이 알고 있는 이론만큼 현실에서 성과를 내지 못하는 경향이 있다. 외향보다 내향대나무 기질이 더 이론적인 경향이 있으며, 이론을 적용하여 실제적인 결과물을 내기까지 행동하는 부분이 떨어지는 경향이 있다.

외향대나무 기질 특성

변화와 혁신

외향대나무 기질은 새로운 세상을 만들기 위해 주변 세계를 변화시킨다. 내향대나무 기질이 자기 비전과 꿈을 이론적으로 정립하기 좋아하지만, 이들은 자기 비전과 아이디어를 행동으로 옮긴다. 현실에 안주하지 않고 더 나은 세상을 만들기 위해 새로운 변화를 끊임없이 추구한다. 또, 자기 아이디어를 말로 표현하기 좋아하며, 많은 일을 동시다발적으로 처리한다. 가만히 앉아 있지 않으며 언제나 앞을 향하여 달음박질한다. 새로운 지식은 빨리 받아들이고 변화에 능동적이다. 그래서 기존의 전통을 중시하는 팀원들과 충돌할 수 있지만, 개혁을 포기하지 않는다.

도전정신

외향대나무 기질은 경쟁적인 환경을 좋아한다. 대나무에게 튼튼한 뿌리가 있어 잘 죽지 않는 것과 같이 외향대나무 기질은 강하다. 이들은 갈등상황을 견디며 새로운 것에 도전하는 것을 두려워하지 않는다. 문제가 어렵고 복잡할수록 도전해 보고 싶어 한다. '내가 세상을 버릴지언정 세상이 나를 버리지 못하게 하겠다'는 조조의 말처럼 세상의 중심이 되고 싶어 한다. 자기 의사를 분명하게 표현한다. 이들

은 애매하게 표현하지 않으며, 좋고 싫음, 옳고 그름이 분명하다. 구사력이 뛰어나 상대방을 논리적으로 설득한다. 이들은 모호하고 우유부단한 사람을 싫어한다.

새로운 아이디어

외향대나무 기질은 기존의 방식보다 새로운 해결책으로 난관을 헤쳐 나간다. 일반적으로 다른 사람들이 생각지 못했던 방식을 좋아한다. 세상을 바라보는 이들의 관점은 파격적인 경향이 있다. 이들은 가장 효율적인 방법을 찾기 위해 노력한다. 기존의 관습과 관례를 허물고 원점에서 다시 시작한다. 조직의 위계질서보다 목표에 가장 빨리 도달할 방법을 찾기 위해 연구한다. 그 예로, 이순신 장군의 리더십을 들 수 있다.

지적 호기심

외향대나무 기질은 다방면에 호기심이 많다. 하고 싶은 것이 있으면 머뭇거리지 않고 실행하며 자기 지적 호기심을 체험해 본다. 관심 분야는 전문가를 찾아가거나 서적을 사서 공부한다. 박식하고 다재다능하다. 언제나 확신에 차 있고 자신감이 넘친다. 하고 싶은 일이 많아 일상생활은 항상 바쁘다. 느긋하게 지내지 못하며 언제나 뭔가 열심히 하고 있다. 외향대나무 기질은 게으르고 나태한 팀원을 싫어한다.

미래지향적

외향대나무 기질은 미래 세상에 관심이 많다. 미래의 트렌드를 예측하여 선구자가 되기 원한다. 미래의 세상에 중요하게 다룰 것들을 만들고 싶어 한다. 새로운 직업, 새로운 세상에 대한 갈망이 있다. 그래서 선견지명이 뛰어나다.

이들은 현실에 안주하지 않으며 더 나은 대안을 찾기 위해 비판하고 분석한다. 외향대나무 기질은 과거에 얽매이는 것을 싫어한다. 과거의 실수나 잘못은 빨리 잊어버린다. 과거보다 나은 현재, 현재보다 나은 미래에 초점을 둔다. 과거에 머물러 앞을 나가지 못하는 팀원에게 인생을 허비하지 말라고 충고한다.

통솔력

외향대나무 기질은 조직을 관리하고 통솔하기를 즐긴다. 이들은 최종 결정권자가 되어 자기 비전을 과감하게 실행해 보고 싶어 한다. 또, 이들은 조직의 전체 흐름을 빨리 파악하고 문제를 빨리 진단한다. 그래서 어떤 일이 생겼을 때 자기와 일처리 능력이 비슷하고, 자기에게 필요한 사람만 모인 태스크포스 팀을 더 선호한다. 외향대나무 기질이 추구하는 목표에 유연하게 대처하지 못하는 팀원은 도태되기 쉽다.

결단력

외향대나무 기질은 지칠 줄 모르고 일한다. 관심 분야가 넓고, 이루고 싶은 목표가 많다. 한 번에 동시다발로 일 할 수 있다. 팀원들은 외향대나무 기질이 벌인 일을 수습하기 힘겨워한다. 많은 팀원이 과중한 업무로 인해 중도 포기한다. 하지만 외향대나무 기질은 적자생존의 원칙에 따라 밀고 나간다. 팀원들 때문에 목표를 포기하지는 않는다.

내향대나무 기질 특성

논리력

내향대나무 기질은 명확한 논리적 근거를 제시하기 좋아하고, 필요 적절한 어휘를 구사하여 정확하게 전달한다. 그래서 필요 이상으로 말이 많거나, 비논리적인 주장을 하는 사람을 싫어한다. 이들은 잡담하는 것을 좋아하지 않으며 사교 모임에 참여하는 것을 꺼린다. 대나무를 여러 갈래로 쪼갤 수 있듯이 무엇이든 분석하기 좋아한다. 때로는 사람의 감정 상태도 쪼개어서 이해하려고 한다. 이들은 분석

촤르륵

적 학문인 과학, 수학, 건축, 공학, 경제학 분야에 흥미를 가진다.

시스템 구축

내향대나무 기질은 흩어져 있는 것들을 연결하여 하나의 통일된 시스템을 만든다. 논리성이 없는 것들을 모아 짜임새를 갖추게 만들고, 혼란스러운 것을 일관성 있게 정리하는 능력이 있다. 마치 쪼갠 대나무를 엮어서 각종 바구니, 죽부인과 같은 공예품을 만들 듯이 전체적인 시스템을 구축한다. 명쾌한 분석력을 기반으로 미래를 예견하고 새로운 트랜드에 합당한 조직을 만들고자 한다.

굳은 신념

외부의 강압적 권위나 권력에 굴하지 않고 자기 신념 체계에 따라 산다. 내향대나무 기질은 심리적으로 굳은 의지와 신념을 가지고 있다. 다른 사람의 말을 쉽게 믿지 않으며 먼저 정말 그러한지 따져본다. 그래서 이론적으로 증명하고 납득이 될 때까지 의심한다. 이들을 설득하려면 더 상위의 논리적 체계를 제시해야 한다.

독립심

내향대나무 기질은 다른 사람에게 의존하지 않고 독립적이다. 어릴 때부터 스스로 알아서 하는 것이 습관화되어 있어 팀원들 역시 스스로 자기 일을 처리하고 독립적으로 행동하기를 기대한다. 그래서 이 기질을 가진 여성들은 전통적인 남성 위주의 권위주의적인 직장 환경에서 일할 때 심한 갈등을 겪는다. 이들의 독립적이고 분석적

인 태도와 권위를 중시하는 남성들 사이에 갈등이 일어난다. 내향대나무 기질은 홀로 싸워도 절대 굴복하지 않는다.

창의성

내향대나무 기질은 상상력과 미래에 대한 비전을 가진 아이디어맨이다. 문제가 복잡할수록 도전해 보고자 한다. 문제를 정복해야 할 도전의 대상으로 생각한다. 그러나 현실에서 어떻게 활용될 것인가에는 관심이 적다. 현실 적용보다 이론적 완성에 관심이 많다. 이들의 창의성은 세밀한 분석과 그것을 다양하게 연결하고자 하는 실험정신에서 두각을 나타낸다. 내향대나무 기질은 평생을 연구하며 산다. 사물을 바라볼 때 그냥 보지 않고 왜 그런가를 생각하고 연구한다. 이들은 궁금증을 해결하는 과정에서 다른 분야에 응용할 수 있는 새로운 아이디어를 창안하게 된다.

지식 추구

내향대나무 기질은 새로운 지식 추구에 대한 욕구가 강하다. 대나무가 뿌리를 멀리 뻗어 영양분을 섭취하듯 독서를 통해 넓고 깊은 지식을 섭취한다. 내향대나무 기질은 얕은 지식을 가진 말 많은 무식한 팀원을 싫어한다. 그래서 자기 분야에서 박식한 전문가가 되려고 한다.

쉬운 길을 두고 돌아가지 말라

기질은 사람마다 타고난 선물이다. 우리는 이 책에서 누구나 자신만의 자원이 있다는 것을 보았다.

매화 기질은 자신의 책무를 다하여 조직과 가정을 단단하게 세우는 것을 잘하고, 난초 기질은 특유의 유머 감각으로 어느 곳에 가든지 분위기를 재미있게 하고 활기를 더한다. 국화 기질은 친절함과 따뜻함으로 배려하는 데 능숙하고, 대나무 기질은 명찰한 분석력으로 미래를 개척하는 데 능숙하다. 자신에게 주어진 기질은 다른 기질의 사람이 가지지 못한 하늘이 준 선물이다. 그러므로 우리는 자신의 기질을 소중하게 생각해야 하고 감사할 수 있어야 한다.

갈등은 상호작용의 결과물로, 우리는 나와 가장 갈등 관계에 있는 반대 기질이 누구인지 배웠다.

매화 기질과 난초 기질, 국화 기질과 대나무 기질은 반대 기질이었다. 우리는 반대 기질을 말할 때 가장 나를 힘들게 하는 기질이라고 한다. 사실 이 말은 절반만 맞다. 왜냐하면, 반대 기질 때문에 내가 힘들지만, 나 역시 반대 기질을 힘들게 만들기 때문이다. 갈등을 해결하기 위해서는 서로의 기질 차이 때문에 일어나는 관계의 역동을 이해해야 한다. 상대방의 기질을 인정해야 할 부분은 인정해야 하고, 내가 조정해야 할 부분은 조정해야 한다.

우리는 이 책에서 갈등을 줄이는 방법을 찾아보았다. 첫째, 관계를 개선하기 위해 이전에 하지 않았지만, 상대방 기질이 좋아하는 방법으로 해야 할 것을 찾는 것이다. 둘째, 기존에 하던 것이지만 상대방 기질이 싫어하는 방식은 하지 않는 것이다.

갈등은 서로의 차이를 이해하는 것만으로 개선되지는 않는다. 상대방을 이해했으면 명확하게 해야 할 것과 하지 말아야 할 것을 구분해서 실행할 때 변화가 일어난다. 실행이 없는 이해는 머리만 비대해지고 교만해질 뿐이다.

나를 가장 힘들게 하는 사람은 반대 기질이 아닌 자기 자신이 될 수 있다. 어떤 사람은 스스로를 괴롭히는 사람이 있다. 외부 환경의 문제가 아니라 내면의 문제 때문에 상황을 어렵게 인지한다. 이것은 성숙의 문제이다. 성숙하지 못한 역기능적 행동은 기질의 균형을 상실했을 때 발생한다. 그래서 기질이 균형을 이루는 방법을 안내했다.

사계절은 고정되어 있지 않고 흘러가듯이 움직인다. 매년 봄은 여름으로, 여름은 가을로 넘어간다. 각 기질은 다음 계절의 핵심 역량을 본받는 것이 자신의 기질을 역기능적으로 사용하지 않고 균형을 이룰 수 있는 방법이다. 이것은 저절로 되는 것이 아니라, 노력과 훈련에 의해 되는 것이다.

매화 기질이 난초 기질의 재미있게 사는 것을 배우는 것은 부단한 노력과 훈련이 필요하다. 그 결과, 매화 기질은 책임감이 투철할 뿐만 아니라 다른 사람에게 책임감을 강요하지 않고 재미있게 일하도록 안내하는 리더십을 발휘할 수 있게 된다. 매화가 난초 기질의 재미있게 사는 법을 배우지 않으면 과도한 책임감에 빠져 주변 사람들에게 엄청난 잔소리를 하게 되어 갈등을 조장하게 된다. 결국, 자신을 가장 힘들게 하는 것이 외부 요인이 아니라 균형을 이루지 못한 자신의 미성숙한 역량이 원인이 될 수 있다. 기질은 너와 내가 '틀린 것이 아니라 다른 것'이다.

매화, 난초, 국화, 대나무 모두 사군자이다. 사군자는 어느 것이 어느 것보다 더 우월한 개념이 아니라, 각자의 고유함을 인정하는 것에서 출발한다. 우리나라는 다름을 인정하는 문화가 약하다. 사군자 기질은 다름을 인정하여 서로를 존중하는 문화를 만들기 위해 노력하고 있다.

다름은 서로에게 어색함과 불편함을 주는 것이 사실이다. 불편함을 느껴도 원인을 모르면 해결 방법을 찾지 못한다. 차이를 모르면 원인을 상대방의 인격 문제로 치부하게 된다. 하지만, 이럴 때 인격의 문제가 아니라 다름의 문제로 접근해야 한다. 인격의 문제로 생각하면 상대방을 무시하게 되고 서로 상종하지 않게 된다. 그렇게 되면 그 사람을 놓치게 된다.

사실, 그 선만 넘으면 그 기질의 사람이 가장 나를 많이 도와줄 수 있는 사람이라는 것을 알게 된다. 그 사람은 내가 하지 못하는 것을 너무도 쉽게 할 수 있는 사람이기 때문이다. 나 역시 그 사람에게 도와줄 것이 많은 존재라는 것을 알게 된다.

자존감이 낮은 사람들은 자신이 가진 것을 보지 않고 다른 사람이 가진 것을 부러워한다. 자신의 기질을 성숙시키는 것에 투자하지 않고 내가 가지지 못한 다른 기질을 계발하는데 엄청난 에너지를 투자하는 사람이 있다. 이것은 어리석은 방법이다.

자신이 가진 기질의 역량은 적은 노력으로 많은 성과물을 낼 수 있지만, 자신이 가지지 못한 다른 기질을 계발하는 것은 많은 에너지를 투자해도 성과물이 미미할 수밖에 없다. 그래서 자신이 잘하는 일을 할 때 경쟁력을 가지는 것이다. 자신의 기질을 극대화 시키고 다른 기질이 잘하는 것은 다른 기질에게 도움을 받는 것이 훨씬 효과적인 방법이다. 그래서 1+1=2가 아니라 더 많은 결과물을 만들어 낼 수 있다.

우리는 어떤 기질 조합이 어떤 상황에서 어떤 결과물을 내는지 유의하여 관찰할 필요가 있다. 좋은 조합과 좋은 결과를 얻으려면 다른 기질과 상생하는 법을 배워야 한다. 다른 기질과 잘 상생하는 방법을 아는 구성원이 많은 조직은 경쟁력 있는 조직이다.

쉬운 길을 두고 어려운 길을 가지 말라. 사람의 기질을 구분하고 인간관계에 적용하는 것은 난해한 영역이다. 그래서 많은 성격·기질 검사들을 활용한다. 문제는 대부분의 심리검사들이 한자를 배우는 것처럼 어렵고 복잡한 것이 사실이다. 그래서 사군자 기질검사는 어떻게 하면 기질을 쉽게 이해하고 적용할 수 있을까를 고민해서 창안한 것이다. 이제 기질을 이해하는 데 쉬운 길이 생긴 것이다. 그러니 쉬운 길을 두고 어려운 길을 고집하지 않기를 바란다.

이 책은 사람의 기질을 이해하는 데 한글을 배우는 것처럼 쉽게 안내하기 위해 노력했다. 인간관계의 갈등을 어떻게 해결해야 할지 어려워하던 독자들에게 한 줄기의 빛이 되길 소망한다.

부록

사군자 기질을 활용한 갈등 해결 사례

어떻게 하면 다른 기질과 한 팀이 되었을 때 갈등을 줄이고 좋은 성과를 이룰 수 있을까?

서로 다른 기질이지만, 기질에 따라 갈등 관계가 되기 쉬운 조합이 있다. 가장 쉽게 예측할 수 있는 것이 내가 가진 기질과 반대 기질과의 만남이다. 표1에서 보는 바와 같이 매화 기질과 난초 기질 사이에 -.64로 높은 부적 상관을 보이고, 국화 기질과 대나무 기질 사이에 -.52의 높은 부적 상관을 보여 상반된 관계임을 보여준다. 외향-내향이 조합되면 외향매화와 내향난초, 내향매화와 외향난초, 외향국화와 내향대나무, 내향국화와 외향대나무 관계가 반대 기질이 된다.

반대 기질이 아니라도 관계에서 다양한 기질 조합에서 다양한 갈등을 보일 수 있다. 반대 기질이라 해서 꼭 갈등 관계가 되는 것은 아

표1. 사군자 기질검사의 요인 간 상관(N=1,066)

	매화 기질	난초 기질	국화 기질	대나무 기질	문항 수
매화 기질	–	–.64***	–.25***	–1.5	11
난초 기질		–	–1.4***	–1.9***	13
국화 기질			–	–5.2***	12
대나무 기질				–	13

*** p<.0001
(김종구, Keirsey 이론과 외향–내향을 활용한 사군자 기질검사 개발, 백석대학교 기독교전문대학원, 박사학위
논문, 2013, p75)

니다. 기질적으로 추구하는 방향이 많이 다르다는 것이다.

이번 장에서는 그중에서 반대 기질을 중심으로, 갈등을 경험하기
쉬운 기질들과 함께 일하게 되었을 때 일어날 수 있는 갈등상황을 예
측해 보고, 문제 해결하는 과정을 3단계로 제시하고자 한다.

> 1단계, 자신의 기질과 상대방의 기질을 파악한다.
> 2단계, 관계를 파괴하는 자신의 역기능적 행동을 파악하고 그만둔다.
> 3단계, 갈등 해결을 위해 상대방에게 해야 할 것을 찾는다.

이 세 가지 단계는 단순하지만, 모든 기질에게 동일하게 적용할 수
있는 효과적인 갈등 해결 방법이다. 각 기질에 제시된 방법을 따라
해 본다면 좋은 효과를 얻을 것이다.

매화 기질이 갈등을 해결하는 법

다음은 우리 주위에서 많이 겪는 갈등이다. 이 예시를 통해 매화 기질은 어떻게 갈등을 풀어가는지 알아보자.

최열심 팀장은 능력을 인정받아 동료들보다 빨리 팀장이 되었다. 책임감 있게 열심히 일하고 무슨 일을 맡겨도 성과를 잘 내는 팔방미인이었다. 활력이 넘치고 사리분별력이 뛰어나고 주도적으로 일했다. 그런데 팀장이 되고 나서 팀원과의 사이에서 몇 가지 문제가 발생했다. 팀원 중에 김느긋, 왕배려 팀원이 자신이 원하는 일정 안에 일을 마무리하지 못했다. 이런 팀원을 보다 답답한 마음에 최열심 팀장은 팀원의 일을 빼앗아 자신이 대신 하기도 했다.

최열심 팀장은 일을 시작할 때마다 팀원들에게 일정 안에 마무리

할 것을 강조하고 다짐을 받고 언성을 높여 보았지만, 사람들과 사이만 나빠지고 팀원들이 자신을 피하기 시작했다. 최열심 팀장은 일정을 맞추기 위해 팀원들을 챙겼는데, 오히려 팀원들은 스트레스를 엄청 받았다. 김느긋 팀원은 견디다 못해 회사를 그만두겠다고 하고 왕배려 팀원은 쳐다만 봐도 깜짝깜짝 놀라는 경직 증상을 보였다. 그래서 최열심 팀장은 사군자 기질검사를 소개받아 팀에 적용해 보기로 했다.

1단계, 검사를 통해 자신은 외향매화 기질이고 김느긋 팀원은 내향난초, 왕배려 팀원은 내향국화 기질이라는 것을 알게 되었다.
2단계, 관계를 파괴하는 자신의 역기능적 행동을 찾았다.
3단계, 갈등 해결을 위해 해야 할 것이 무엇인지 찾아보았다. 해야 할 것을 하지 않고 있는 것이 무엇인지 알기 위해 내향난초와 내향국화 기질이 좋아하는 것이 무엇인지 생각해 보았다.

내향난초 기질인 김느긋 팀원은 재미있고, 여유롭게 일하는 것을 좋아했다. 최열심 팀장은 처음에는 속이 부글부글 끓었지만, 의도적으로 참견을 줄이고 김느긋 팀원이 하는 일을 지켜보기로 했다. 그리고 김느긋 팀원에게 재미있게 일 해보자고 제안했다. 본인 스스로도 재미있게 일하려고 다짐하고 노력했다. 이전에 못마땅한 눈으로 보던 태도를 바꾸어 미소로 대하려고 했다. 콧노래도 불러보고 어떻게 하면 재미있게 일할 수 있을까를 생각하고 방법을 찾았다.

이렇게 최열심 팀장은 김느긋 팀원에게 재미있는 방법으로 일을 지시하려고 노력했다. 최열심 팀장은 자신이 재미있게 사는 것이 팀원들과의 관계에 많은 변화를 가져온다는 것을 느끼기 시작했다.

내향국화 기질인 왕배려 팀원은 온화한 목소리와 칭찬을 좋아했다. 왕배려 팀원에게 칭찬해줄 것이 무엇인지 생각해 보고 칭찬 한마디로 만남을 시작했다. 그는 평소에 팀장이 지적하는 것으로 시작했을 때 주눅이 들어 있었는데, 칭찬 한마디에 생기 있는 얼굴로 변했다. 실수가 줄어들고 피하기만 하던 사람이 농담까지 했다. 전에는 지적당하는 것이 무서워 정신이 혼미하여 실수를 많이 했는데 지금은 일을 편안하게 잘한다.

내향매화 기질이 외향난초 기질과 갈등을 해결하는 법

장꼼꼼 팀장은 눈에 띄는 직원이 아니었지만, 시간이 지날수록 성실성을 인정받아 팀장이 되었다. 실수를 하지 않고 하나부터 열까지 부지런하고 꼼꼼하게 일을 처리했다. 그는 '걸어 다니는 육법전서'라는 별명이 붙을 정도로 정확하고 믿을 수 있는 사람이었다. 그래서 어떤 일에서든 계획과 절차를 중시하여 한 번 맡은 일은 철두철미하게 관리해서 빈틈없는 직원이라는 평을 들었다. 그런데 팀장이 되고 나서 팀원과의 사이에서 몇 가지 예기치 못한 문제가 발생했다.

팀원 중에 특별히 한단순 팀원을 이해하거나 마음으로 수용할 수 없었다. 앞에서 말은 청산유수 같이 잘하는데 실제로는 일을 제대로 하지 않았다. 막상 일을 한 것도 너무 허술하고 빈틈이 많아 처음부터 다시 해야 할 지경이었다. 그래서 참다못해 몇 가지 지적을 해도 듣는 것 같지도 않다. 대충 해도 문제없다는 식으로 말하는 기본이 안 된 태도에 열 받아 죽을 지경이다. 장꼼꼼 팀장은 사군자 기질검사를 소개받고 팀에 적용해 보기로 했다.

1단계, 검사를 통해 자신은 내향매화 기질이고 한단순 팀원은 외향난초 기질이라는 것을 알게 되었다.
2단계, 관계를 파괴하는 자신의 역기능적 행동을 찾았다.
3단계, 갈등 해결을 위해 해야 할 것이 무엇인지 찾아보았다. 해답을 찾기 위해 외향난초 기질이 무엇을 좋아하는지 생각해 보았다.

장꼼꼼 팀장은 자신의 기질인 내향매화 기질을 과하게 사용하여 발생하는 역기능적 행동이 무엇인지 살펴보았다. 내향매화 기질은 정확하게 일 처리하기 위해 생각하는 시간이 너무 많다는 것을 알게 되었다.

장꼼꼼 팀장은 이름처럼 정확한 결과를 얻기 위해 생각하고 또 생각하는 습관이 있었다. 그러다 보니 일을 빨리 시작하지 못하고 철두철미하게 준비하느라 많은 시간을 보냈다.

그간 장꼼꼼 팀장은 세세한 부분까지 챙기느라 전체적인 큰 그림을 놓치는 일이 있었다. 자신이 하지 말아야 할 것 중에 가장 시급한 것은 과도한 걱정과 염려를 내려놓는 것이었다. 자신을 향한 과도한 책임감에서 벗어나 팀 전체로 시야를 돌리는 것과 팀원들이 믿음직

스럽지 못해도 일단 일을 맡기고 진행하는 것이 시급했다.

　장꼼꼼 팀장은 평소에 한단순 팀원에게 심각하게 대했다. 스스로
도 회사에서 재미있게 일하려고 하지 않았고, 한단순 팀원에게 재미
있게 일할 수 있는 환경을 만들어 주려고 노력하지도 않았다. 그래서
한단순 팀원을 위해 어떻게 하면 재미있게 일 할 수 있을까를 고민하
다 재미있게 일하는 방법을 하나하나 점검해 보았다.

　그러자 몇 가지 실천할 수 있는 아이디어가 떠올랐다. 그래서 장꼼
꼼 팀장의 팀에서는 매일 업무 시작하기 전에 유머 하나를 이야기하
는 것으로 시작했다. 처음에는 많이 썰렁했다. 자신도 익숙지 않고 팀
원들도 팀장의 유머를 받아들일 준비가 되어 있지 않았다. 처음에 직
원들은 의외라는 반응이었지만, 그의 유머를 반기는 기색을 보였다.
매일 반복되는 유머를 통해 팀 분위기가 이전과 많이 달라졌다.

　또, 한단순 팀원에게는 게임법칙을 적용하여 일을 해 보도록 하였
다. 게임법칙에서 가장 중요한 것은 이기는 사람에게 포상이 주어지는
것이다. 한단순 팀원은 먹는 포상을 좋아했다. 작은 것이라도 포상이
주어지면 신기하게도 목숨을 걸고 했다. 시간을 단축시키면 휴식 시
간을 늘려주는 포상도 효과적이었다. 그러자 시키기도 전에 먼저 자신
이 일을 제안하고 포상을 요구하는 변화를 보였다. 한단순 팀원은 더
이상 골칫거리가 아니라 팀에 없어서는 안 될 분위기 메이커이다. 장
꼼꼼 팀장은 한단순 팀원에게 재미있게 사는 법을 배우게 되었다.

난초 기질이 갈등을 해결하는 법

다음은 우리 주위에서 많이 겪는 갈등이다. 이 예시를 통해 외향 난초 기질이 내향매화, 내향대나무 기질과의 갈등을 어떻게 풀어가는지 알아보자.

이기쁨 팀장은 끼와 능력을 겸비한 팀장으로 특별히 위기관리 능력이 뛰어난 문제 해결사로 통한다. 그래서 팀 분위기를 활기차게 만들고 재미있는 분위기를 만드는 데 앞장선다. 문제의 핵심을 빨리 파악하고 빠른 실행력으로 성과를 올린다.

이기쁨 팀장은 정해진 절차보다 여러 가지 방법을 시도해 보기 좋아한다. 그러다 보면 그중에 가장 좋은 것을 알게 되고 자연스럽게 문제 해결이 빨라진다. 모든 것을 고정하지 않고 상황에 따라 유연하게 대처하는 것이 장점이다.

　그런데 팀원 중에 김신중 팀원과 최논리 팀원의 일하는 방식이 마음에 들지 않는다. 딱 보면 업무 지시를 하지 않아도 자기가 무엇을 해야 할지 뻔히 보이는데, 그들은 좀처럼 움직이질 않고 책상에 앉아 무슨 생각을 하며 시간을 보내는지 모르겠다. 누구를 만나든지 움직여야 일이 진행될 것인데 계획 세우고 서류 정리하느라 시간 다 보내는 꼴이 한심하다. 이왕 하는 것 재미있게 해야 능률이 오를 것인데, 두 사람은 세상 근심 혼자 다 지고 가는 것 같이 인상 쓰고 있다. 동시에 여러 가지 일을 할 수 있는데, 하나를 붙들고 몇 날 며칠을 헤매는 것 같다. 한 번에 몇 가지 일을 던져주면 정신을 못 차린다.

　팀원으로 인해 한참 고민하던 이기쁨 팀장은 사군자 기질검사를 소개받고 팀에 적용해 보기로 했다.

1단계, 검사를 통해 자신은 외향난초 기질이고 김신중 팀원은 내향매화, 최논리 팀원은 내향대나무 기질이라는 것을 알게 되었다.
2단계, 관계를 파괴하는 자신의 역기능적 행동을 찾았다.
3단계, 갈등 해결을 위해 해야 할 것이 무엇인지 찾아보았다. 해야 할 것을 하지 않고 있는 것이 무엇인지 알기 위해 내향매화와 내향대나무 기질이 무엇을 좋아하는지 생각해 보았다.

　이기쁨 팀장은 자신의 기질인 외향난초 기질을 과하게 사용하여

발생하는 역기능적 행동이 무엇인지 생각해 보았다. 재미를 과하게 추구하면 쾌락이 되고, 여유를 과하게 추구하면 마감을 놓치고, 자유를 과하게 추구하면 방탕한 행동을 한다.

이기쁨 팀장은 격의 없이 지내는 재미있는 팀을 만들려고 했는데 도리어 권위가 떨어지고 위계질서가 약한 팀이 되는 것 같았다. 자신이 하지 말아야 할 것 중에 가장 시급한 것은 신중치 못하고 충동적으로 하는 의사결정이었다. 그래서 신중한 결정을 위해 김신중 팀원과 최논리 팀원에게 의견을 물어보고 조언을 구하기로 했다. 그리고 의미와 가치를 생각하는 것이 의사결정에 도움이 되었다. 이렇게 어떤 일을 두고 서로 의사결정 할 때 얼마나 의미 있고 가치 있는 것인가의 기준을 가지는 것은 여러 사람이 함께 일할 때 꼭 필요하다.

내향매화 기질인 김신중 팀원은 순서에 따라 일하는 것을 좋아했다. 결정하기 전에 현실적으로 원하는 것을 얻을 수 있는지 충분하게 정보 수집하기를 원했다. 그래서 김신중 팀원에게는 검토할 수 있는 정보와 시간을 더 많이 주기로 했다. 내향대나무 기질인 최논리 팀원은 왜 해야 하는지 알고 싶어 했다. 그냥 하면 되는데, 정당성과 근거를 확보하기 원하는 최논리 팀원이 사실 부담스러워 처음부터 큰 주제를 주고 최논리 팀원에게 전체적인 구상을 먼저 해보라고 기회를 주었다. 그러자 사사건건 시비를 걸던 최논리 팀원이 전에 볼 수 없었던 적극성으로 팀원들을 설득하며 일을 주도하기 시작했다. 최논리 팀원은 더 이상 안티가 아니라, 우리 팀의 브레인이 되었다.

내향난초 기질이 외향매화, 외향대나무 기질과 갈등을 해결하는 법

한여유 팀장은 깊은 물이 소리 없이 흐르듯, 있는 듯 없는 듯 일을 하는 존재이다. 언제나 낙천적이고 느긋하다. 급한 일이 있어도 안달 하는 모습을 좀처럼 보기 힘들다. 다른 사람에게 의존하지 않고 자 신의 일을 말없이 묵묵히 한다. 또, 그는 타고난 장인으로 도구를 잘 다루며 정교하고 예리한 오감을 가지고 있다. 무엇보다도 자유로운 영혼을 가지고 있으며 오는 사람과 가는 사람 막지 않는다. 흐르는 강물처럼 자연스럽게 흘러가는 대로 수용한다. 팀을 직접 앞에 나서 서 이끌어 가기보다 참모를 세워 대신 관리하도록 하는 스타일이다. 그러나 팀장이 되고 나서 팀원 중에 특별히 정잘난 팀원과 이최고 팀 원이 자신의 권한을 침범해 들어오는 것 같아 심히 불편하다.

두 사람은 주도적으로 일하는 것은 좋은데 말이 너무 많고 잘난 척 하는 것 같다. 단 한 번이라도 조용히 넘어간 적 없이 일일이 따지고 드는 것도 부담스럽고 불편하다. 그냥 알아서 자기 일을 잘하면 좋겠 는데 사람들이 모인 조직이라는 것이 참으로 사람을 피곤하게 한다. 따지고 들어도 그 일이 그 일인데 왜 물고 늘어져 서로 상처를 주는지 답답하다. 초대받지 않는 자리에 앉아 있는 기분이다. 그래서 한여유 팀장은 사군자 기질검사를 소개받고 팀에 적용해 보기로 했다.

1단계, 검사를 통해 자신은 내향난초 기질이고 정잘난 팀원은 외향매 화, 이최고 팀원은 외향대나무 기질이라는 것을 알게 되었다.

내향난초 기질은 혼자만의 자유와 여유를 과하게 사용하여 역기능적 행동을 한다. 과도한 개인적 자유를 추구하여 팀원들과의 의사소통에 소홀하게 되었다. 과도하게 여유를 부리다 팀장으로 전체 일정을 관리하지 못하여 기한을 넘기는 일들이 생겼다. 알아서 잘 될 것이라는 과도한 여유가 열심히 분투해야 할 상황에서도 노력을 하지 않는 경우도 있었다. 리더로서 조직에 비전을 제시하고 팀원들에게 목표를 향해 매진하도록 독려해야 하는데 현실에 안주하기도 했다. 이런 점은 팀원들에게 의지도 없고 열정이 없는 모습으로 보일 수 있었다.

그는 사람에 대한 사랑, 가치, 관계의 의미를 찾아야 했다. 내향난초 입장에서 혼자 있는 시간이 자유롭고 좋았지만, 다른 사람과 함께하는 것에 더 큰 가치와 의미를 찾으려고 했다.

외향매화 기질과 외향대나무 기질은 모두 명확한 의사소통을 좋아했다. 팀장이 원하는 것이 무엇인지 분명하게 밝혀 주길 기대했다. 그들에게 팀장의 존재감을 높여 주어야 했다. 자율성을 많이 부여하는 것은 팀원들이 좋아하는 것이지만, 팀원들은 팀의 방향성을 알기 원했다. 큰 그림의 비전을 제시하는 것은 팀장의 역할인데 한여유 팀장은 앞에 나서서 팀의 방향성을 제시하는 것을 꺼렸다.

사군자 기질검사를 한 후 한여유 팀장은 팀원들에게 외향매화, 외향대나무 팀원을 위해 육하원칙에 따라 왜, 무엇을, 언제까지, 어떻게 할 것인지 틀을 가지고 전달하려고 노력했다. 그렇게 하자 자신감이 생기고 팀원들과 소통하는 것이 늘어나기 시작했다. 조용하던 팀이 공유하는 것이 많아지면서 더욱 열정적이고 활기찬 팀이 되었다.

국화 기질이 갈등을 해결하는 법

다음은 우리 주위에서 많이 겪는 갈등이다. 이 예시를 통해 외향 국화 기질이 내향대나무, 외향대나무 기질과의 갈등을 어떻게 풀어 가는지 알아보자.

오평화 팀장은 열정적으로 타인의 성장을 도와주는 팀장이다. 그래서 되도록 팀원들의 단점보다 장점과 성장 가능성을 보려고 한다.

오평화 팀장은 칭찬을 잘하고 팀원들에게 동기부여를 잘한다. 그런데 팀원 중에 특별히 잘난 척하는 최분석 팀원과 왕혁신 팀원 때문에 일할 맛이 나지 않고 스트레스를 받는다. 두 팀원 앞에만 서면 주눅이 들고 하염없이 작아지는 것 같은 느낌이 든다. 그래서 오평화 팀장은 이들 앞에서 행여 말실수를 하지 않을까 긴장이 되어 하고 싶은 말을 편하게 할 수 없다.

또, 오평화 팀장은 매일 두 팀원의 얼굴만 보면 체크를 당하는 기분이 든다. 팀장임에도 불구하고 두 사람의 눈치를 본다. 왕혁신 팀원은 노골적으로 자신의 의견에 대해 반대 이유를 피력한다.

최분석 팀원은 노골적이지는 않지만, 자신이 말하는 것을 무시하는 눈치다. 차라리 두 팀원을 다른 팀으로 이동시키면 마음 편하게 일할 수 있을 것 같다. 두 팀원이 팀장의 말이 잘못되었다고 논리적으로 반박할 때면 자신의 무지함이 드러나는 것 같아 자존심이 엄청 상한다. 어느 날 오평화 팀장은 후배에게 사군자 기질검사를 소개받고 팀에 적용해 보기로 했다.

> 1단계, 검사를 통해 자신은 외향국화 기질이고 최분석 팀원은 내향대나무, 왕혁신 팀원은 외향대나무 기질이라는 것을 알게 되었다.
> 2단계, 관계를 파괴하는 자신의 역기능적 행동을 찾아보았다.
> 3단계, 갈등 해결을 위해 해야 할 것이 무엇인지 찾아보았다. 해야 할 것을 하지 않고 있는 것이 무엇인지 알기 위해 대나무 기질이 무엇을 좋아하는지 생각해 보았다.

오평화 팀장은 자신의 기질인 외향국화 기질을 과하게 사용하여 발생하는 역기능적 행동이 무엇인지 생각해 보았다. 타인을 과도하게 배려하여 자신이 하고 싶은 것을 하지 못하거나 꼭 해야 하는 중요한 일을 놓치는 경우가 있었다. 인간관계를 과도하게 추구하여 객관적으로 일을 처리하지 못해 원성을 산 일이 있었고, 거절해야 하는 상황에서 거절하지 못하고 애매모호하게 대응하여 손해 보는 일이 생각났다. 자신이 하지 말아야 할 것 중에 가장 시급한 것은 감정적으로 대하고 우유부단하게 행동하는 것이었다. 그래서 오평화 팀장은 자신의 우유부단한 모습을 고치기 위해 객관적으로 행동하는 것이 필요했다.

그는 사군자 기질검사를 한 후 자신에 대해, 타인에 대해, 환경에 대해 객관적으로 보려고 노력했다. 개인 사정보다 모든 팀원에게 공정하게 대하는 것을 우선적인 의사결정의 기준으로 삼으려고 노력했다.

대나무 기질인 최분석 팀원과 왕혁신 팀원은 공정하고 객관적인 것을 좋아했다. 비인간적으로 느껴져 싫었지만, 다른 사람의 말을 곧이곧대로 믿지 않고 의도가 무엇인지 파악하려고 노력했다. 시간이 지날수록 한 발 뒤로 물러나서 상황 밖에서 바라보는 눈이 생기기 시작했다. 그들이 자주 하는 '왜?', '어떻게?' 라는 질문은 객관적인 눈을 가지는 데 많은 도움이 되었다.

오평화 팀장은 대나무 기질 팀원에게 핵심적인 부분만 논리적으로 설명하기 위해 할 말을 기록하고 여러 번 읽어보면서 수정했다. 미사여구를 사용하지 않고 핵심을 담백하게 전달하려고 노력했다. 그러자 대나무 기질 팀원의 눈빛이 이전과 다르게 보였다. 그들에게 좋은 아이디어가 있으면 가르쳐 달라고 도움을 요청했다. 그러자 대나무 기질의 최분석, 왕혁신 팀원은 자신들의 아이디어를 적극적으로 공유해 주어 팀 전체가 서로 도와주는 관계가 되었다.

내향국화가 외향대나무, 외향매화와 한 팀이 되었을 때

양온유 팀장은 경청을 잘한다. 그는 다정다감하고 겸손하며, 지배하려고 하지 않고 다른 사람들과 조화로운 관계를 추구한다. 갈등 상황을 싫어하며 논쟁을 피하고 팀원들의 상황을 이해하려고 한다. 그런데 팀장이 되고 나서 강변화 팀원과 최결과 팀원의 태도 때문에 마음에 불편함이 생겼다.

강변화 팀원은 제안하는 것이 많다. 때로는 제안하는 수준을 넘어 따지고 다그친다. 현재 진행되고 있는 일이 많은데 별로 협조하지 않으면서 미래를 위해 이것저것을 해야 한다고 침 튀기며 말한다. 강변화 팀원의 말을 듣고 있으면 팀장인 자신은 아무 생각이 없는 무능한 팀장으로 느껴진다.

최결과 팀원은 먼저 와서 빨리빨리 결정해 달라고 다그친다. 생각할 시간이 필요한데 시간을 주지 않고 체크하는 것이 팀장과 팀원의 역할이 바뀐 것 같아 자존심 상한다. 양온유 팀장은 오평화 팀장에게 사군자 기질검사를 소개받아 팀에 적용해 보기로 했다.

1단계, 검사를 통해 자신은 내향국화 기질이고, 강변화 팀원은 외향대나무, 최결과 팀원은 외향매화 기질이라는 것을 알게 되었다.
2단계, 관계를 파괴하는 자신의 역기능적 행동을 찾아보았다.

갈등 해결을 위해 해야 할 것이 무엇인지 찾아보았다. 해답을 얻기 위해 외향대나무 기질과 외향매화 기질이 좋아하는 것이 무엇인지 찾아보았다.

내향국화 기질은 인간관계를 과하게 집착하면 역기능적 행동을 하게 된다.

그는 다른 사람을 과도하게 배려하여 결정을 내리지 못하는 경우가 있었다. 거절해야 하는 상황에서 다른 사람 감정을 배려하다 거절을 하지 못하고 우유부단하게 대응하여 나중에 문제가 심각하게 꼬이는 상황이 발생했다. 이럴 때 자신이 하지 말아야 할 것 중에 가장 시급한 것은 Yes라고 말하는 것이다.

그래서 그는 누군가 부탁할 때 No라고 말할 수 있는 용기가 필요했다. No라고 말할 수 있는 용기를 갖기 위해 팀 전체의 목표를 위해 자신이 나쁜 사람으로 평가받을 희생을 결심했다. 그리고 명확한 자기표현이 있어야 했다. 그렇게 하려면 먼저 목소리를 더 크게 낼 필요가 있었다.

그는 팀원들 앞에서 의도적으로 힘 있고 크게 말하려고 노력했다. 그리고 팀의 목표를 하나의 큰 그림으로 도식화하여 전체 흐름을 보고 진행할 할 필요가 있었다. 눈에 보이는 직원들의 사소한 일을 도와주는 시간을 줄이고 전체 목표를 이루기 위해 무엇을 지시해야 할지 찾기 시작했다.

강변화 팀원과 최결과 팀원은 공정한 것, 분명한 의사결정, 신속한 일 처리, 목표를 이루는 것, 앞에 나서는 것을 좋아했다.

사실, 강변화 팀원과 최결과 팀원을 앞에 세우면 자신보다 더 힘 있게 팀을 이끌 수 있는 역량을 가지고 있었다. 그래서 양온유 팀장은 어떻게 하면 외향대나무 팀원과 외향매화 팀원의 장점을 살려주는 팀을 만들 수 있을까 고민했다. 팀 전체의 업무를 한눈에 볼 수 있는 그림이 필요했다. 그리고 팀원들이 우선으로 해야 할 일과 기한이 중요한 것 중심으로 핵심적으로 전달했다. 그러자 최결과 팀원이 먼저 찾아와서 체크하는 일은 없어졌다. 강변화 팀원은 여전히 미래의 방향에 대해 제안은 하지만 이전같이 불편하기보다 좋은 정보를 제공해 주는 도우미로 느껴졌다.

대나무 기질이 갈등을 해결하는 법

다음은 우리 주위에서 많이 겪는 갈등이다. 이 예시를 통해 외향 대나무 기질이 내향난초, 내향국화 기질과의 갈등을 어떻게 풀어가는지 알아보자.

정도전 팀장은 강하고 효율적인 팀을 만들기 위해 변화와 혁신을 주도한다. 이익이 되지 않는 것은 과감하게 개혁하고 분명한 목표와 비전을 제시하며, 의사표현이 분명하고 명확하다. 그런데 팀장이 되고 나서 팀원 중에 자신이 추진하는 프로젝트에 보조를 맞추지 못하는 김관망 팀원, 이배려 팀원이 마음에 들지 않는다. 심지어 김관망 팀원은 팀 프로젝트에 관심이 없고, 팀에서 소속감이 느껴지지 않았다. 게다가 성격마저 느긋해서 팀장이 폭발할 지경이다.

이배려 팀원은 열심히 맞추려고 노력은 하는 것 같은데, 일 추진이 제대로 되지 않는다. 그래서 몇 달을 고민하던 정도전 팀장은 옆 팀 한여유 팀장에게 사군자 기질검사를 소개받고 팀에 적용해 보기로 했다.

1단계, 검사를 통해 자신은 외향대나무 기질이고 김관망 팀원은 내향난초 기질, 이배려 팀원은 내향국화 기질이라는 것을 알게 되었다. 세 사람과의 관계를 개선하기 위해 다음의 두 가지 질문으로 접근해 보기로 했다.
2단계, 관계를 파괴하는 자신의 역기능적 행동을 찾아보았다.
3단계, 갈등 해결을 위해 해야 할 것이 무엇인지 찾아보았다.

정도전 팀장은 자신의 기질인 외향대나무 기질을 과하게 사용하여 발생하는 역기능적 행동이 무엇인지 생각해 보았다. 그러다 보니 비전을 과하게 추구하는 것이 문제라는 결론을 내렸다.

그는 평소에 이루고 싶은 것이 너무 많아 이것저것 일을 벌이는데 팀원들이 따라오지 못하고 있었다. 빠른 추진력 때문에 내향 성향을 가진 팀원들이 정신을 못 차리고 있었다.

팀원들은 생각하고 정리할 시간이 필요했고, 정도전 팀장은 자기의 높은 평가 기준으로 인해 팀원에게 칭찬에 인색했다. 그래서 팀원들은 내향난초, 내향국화 기질의 사기가 저하되어 일에 대한 자신감을 가지지 못하고 있었다.

정도전 팀장은 자신이 하지 말아야 할 것 중에 가장 시급한 것은 새로운 일을 시작하는 것을 중단하는 것이었다. 그래서 현재 진행되고 있는 일을 마무리한 다음에 새로운 프로젝트를 진행하기로 했다. 그리고 내향 팀원들에게는 일을 마무리하는데 팀장이 생각하는 시간보다 두 배의 시간이 필요하다는 것은 받아들이기로 했다.

처음에는 답답했지만, 의도적으로 일을 시작하기 전에 충분히 고려해야 할 구체적인 정보들이 무엇인지 검토하기 시작했다. 그 후 자기 아이디어가 현실에서 어떤 결과를 가져오는지 검토해 보았다. 그리고 자신이 놓치고 있는 위험성이 뭐가 있는지 살펴보기로 했다. 또, 팀을 위해 해야 할 것을 하지 않고 있는 것이 무엇인지 알기 위해 내향난초 기질과 내향국화 기질이 무엇을 좋아하는지 생각해 보았다.

내향난초 기질인 김관망 팀원은 여유롭고, 자유로운 분위기에서 일하기 좋아했다. 이배려 팀원은 가족 관계 같은 따뜻한 분위기에서 일하기 좋아했다. 외향대나무 기질인 정도전 팀장은 팀원들에게 따뜻하게 대하려고 노력했다. 그래서 업무에 대해 대화를 하기 전에 팀원들의 사적인 일상사를 주제로 이야기를 나누었다.

그는 조금씩 변하고 있다. 때로는 팀원에게 간간히 칭찬과 격려를 하고, 천성적으로 큰 목소리를 낮추고 최대한 낮추어 부드러운 목소리로 대화하려고 노력한다. 이렇게 자기가 변함으로써 팀원들에게 마감에 대한 압박감을 줄여 줄 필요가 있었다. 그래서 먼저 마감해야 할 것들의 순위를 정하고 일정을 공유하여 한 가지 일에 집중할 수 있도록 해주었다. 그러자 외향대나무 팀장이 생각하지 못했던 그들의 장점이 드러나기 시작했다. 그들은 능력이 없었던 것이 아니라 강압적인 분위기에서 능력을 충분히 발휘하지 못했던 것이었다.

내향대나무 기질이 외향국화, 외향난초 기질과 갈등을 해결하는 법

차이론 팀장은 새로운 이론과 개념을 구축하는 팀장이다. 그래서 불필요한 것들을 과감하게 재정비하여 효율적인 시스템을 만든다. 그러다 보니 스스로 알아서 문제를 해결하며 모든 팀원이 경쟁력과 실력을 갖추기를 기대한다.

그런데 팀장이 되고 나서 오지랖 팀원과 마대충 팀원이 일하는 방식이 영 마음에 들지 않았다. 오지랖 팀원은 말이 너무 많고 여기저기 돌아다니면서 자기 일도 아닌데 관여한다. 알고 보니 그는 팀원들 사이에 여기저기 말을 옮기는 갈등의 근원지였다. 또, 마대충 팀원은 일을 체계적으로 하지 않는다. 물어보면 잘 되고 있다고 하는데 지금까지 진행된 것을 가져오라고 하면 가져올 것이 없다고 한다. 하지만 그가 점검해 보면 일이 전혀 진행되고 있는 것 같지 않다. 마감일이 다가오는데 결과물이 없어도 걱정이 없고 태평스럽다. 저런 근거 없는 자신감은 도대체 어디에서 오는 것인지 궁금하다. 그래서 차이론 팀장은 사군자 기질검사를 소개받고 팀에 적용해 보기로 했다.

1단계, 검사를 통해 자신은 먼저 자신은 내향대나무 기질이고 오지랖 팀원은 외향국화 기질, 마대충 팀원은 외향난초 기질이라는 것을 알게 되었다.
2단계, 관계를 파괴하는 자신의 역기능적 행동을 찾아보았다.

3단계, 갈등 해결을 위해 해야 할 것이 무엇인지 찾아보았다. 해답을 찾기 위해 외향난초 기질과 외향국화 기질이 무엇을 좋아하는지 찾아보았다.

내향대나무 기질은 지식과 이론을 과하게 사용하면 역기능적 행동을 한다. 논리성과 객관성이 확보된 것만 받아들이려는 경향 때문에 외향국화 오지랖 팀원의 정서를 공감하지 못하고 있었다.

그는 때때로 냉정하게 대하고 팀원들의 의견을 무시하여 팀원들이 가까이 오지 않으려고 했다. 또, 칭찬은 없고 지적만 했다. 심지어 이론적 근거와 체계성을 강조하여 실제로 현실에서 어떻게 성과를 드러내는지에 대한 부분은 간과했다.

외향난초 기질인 마대충 팀원은 이론은 미비하지만, 순식간에 결과물을 만들어 내는 재주가 있었다. 자신이 하지 말아야 할 것 중에 가장 시급한 것은 팀원들을 수준 낮다고 무시하는 것이었다. 그래서 차이론 팀장은 팀원들이 잘하는 것을 솔직하게 인정하겠다고 다짐했다.

이번 사군자 검사를 통해 알게 된 것은, 외향난초 기질은 재미있는 것을 좋아하고 먹는 것을 좋아한다는 점이었다. 그러나 외향난초 마대충 팀원에게 한 번도 재미있게 대하지 않았다는 것을 알게 되었다.

그래서 의도적으로 재미있는 이야기를 하고 활기찬 분위기에서 일할 수 있도록 방법을 모색하고, 외부에 출장 나갈 일이 있으면 의도적으로 마대충 팀원에게 업무분담을 해주었다.

차이론 팀장은 회식을 좋아하지 않았다. 회식에 참여해도 1차에서 마무리하곤 했는데, 마대충 팀원을 위해 2차 노래방에서 광란의 춤을 추는 퍼포먼스를 감행했다. 그 후 그들의 무거웠던 관계가 가벼운 관계로 바뀌었다.

외향국화 기질은 칭찬을 좋아하고 일상적인 대화를 좋아했다. 차이론 팀장은 그동안 자신에게 상처받은 오지랖 팀원과의 관계 개선을 위해 몸이 오글거리는 것을 감내하고 하루의 한 가지 칭찬을 의도적으로 했다. 전에는 하지 않던 영양가 없는 잡다한 대화 시간을 감내했다. 처음에는 많이 머쓱하고 익숙지 않은 것이지만, 자신도 따뜻한 사람이라는 것을 보여주고자 노력했다. 차이론 팀장은 외향국화 오지랖 팀원을 대할 때 미사여구를 더 많이 활용해서 대화하려고 노력했다. 그리고 감성도 이성만큼이나 사람을 움직이게 하는 강력한 동기라는 것을 오지랖 팀원을 통해 배우게 되었다.